日本比較法研究所翻訳叢書
83

ピエール=イヴ・モンジャル教授講演集
欧州連合・基本権・日欧関係

ピエール=イヴ・モンジャル 著

西海真樹・兼頭ゆみ子 訳

Recueil des cours du Professeur
Pierre-Yves MONJAL
Union européenne, Droits fondamentaux
et Relation entre l'UE et le Japon

par
Pierre-Yves MONJAL

中央大学出版部

装幀　道吉　剛

ピエール゠イヴ・モンジャル教授（右）と妻のサンドラさん

著者序言

ピエール＝イヴ・モンジャル
＊トゥール大学公法教授
＊ジャン＝モネ講座資格者
＊「日本・ヨーロッパ」ネットワーク主任（http://nihoneuropa.univ-tours.fr）
＊トゥール学際法学研究所（IRJI）共同主任

　私がここ数年間中央大学で行った講演の訳書刊行にさいして、日本人読者の方々のために序言を書くことは、大変光栄で名誉なことです。この場を借りて、訳書刊行にいたった理由、状況、機会を簡単に説明することにしましょう。
　1つの逸話から始めましょう。
　18歳のとき、フランスの普通の高校生と同じように、私はバカロレア試験を受けました。1985年2月、この試験の準備をしているときに受けた歴史地理の試験問題は、日本についての出題でした。日出づる国にたいして、私は慎みときわめて大きな尊敬の念を抱いているので、私はこの模擬試験で何点とったかをここで言うことはできません。私の答案を採点した教授の次のコメントだけで十分でしょう。「全然だめ！（Travail nul!）」
　幸いにも、私はバカロレア試験に合格し（歴史地理の出題はアメリカ農産品の輸出についてでした）、大学に入り、法律の勉強を始めました。そしてアグレガシオン（大学教授資格試験）に合格して、比較的早く公法学の教授になりました。私はEU法の研究者になり、パリのいくつかの大学（パリ北大学、パンテオン・ソルボンヌ大学、パリ政治学院）に15年以上勤務し、2013年、私の母校であるトゥール大学に戻りました。
　パリの大学に務めていたときに、私は校務ではじめて日本に来ました。ここでも1つの逸話をお話ししましょう。

当時私が務めていた大学の国際交流局は、2008年10月に、在日フランス大使館の勧誘文書をキャンパス・フランスを通じて私に送ってきました。それは、日本の大学の約10の法学部を1週間で訪問するという任務のために、日本の大学の法学部同僚の名を複数あげるよう私に求めていました。当初は、フランスの代表団の一員になって日本に行くつもりは、私にはありませんでした。当時の私は、おもにロシアやインドの大学と交流していて、日本に特別の関心はなかったからです。

　それでも心の底で、バカロレア受験準備のときのおぼろげな記憶が、無意識のうちによみがえったのかもしれません。代表団に加わることを辞退した後に、私はそれを撤回し、代表団に加わりました。そこにはムスタファ・メッキ教授が含まれていました。彼は私法学者で、私の良き友人であり、日本に、とりわけ日本の契約法に通じていました。

　この1週間の日本訪問は、私にとって決定的で、まさに衝撃になりました。次のように述べることは、おそらく月並みなことかもしれませんが、私は、自分が発見したこのアジアの国のとりこになり、この国に魅了され、感激し、感嘆しました。この国のすべてが私の心を惹きつけました。この国のかたち、交通手段、都市の美しさ、すばらしい庭園と美術館（これは後に発見したことですが）、文化、平穏さ、サービス精神などなど。このような衝撃のために、私は帰国便に搭乗したとき、あたかも恋人が自分のフィアンセを悲しい朝の霧のなかに残して去っていくような気分でした。ただただ、あなた方の国に何度も何度も来たいという強い思いに取り憑かれていました。

　それから今にいたる10年の間に、私はおそらく15回は日本を訪ねています。妻と3人の子どもとともに、在日フランス大使館の大学協力担当官として、日本に住むことさえ考えました。2019年のそのポストのために、私は願書を再び出すつもりです。

　しかしながら、もし外国を訪れたときに、そこで人々に出会わなければ、外国を訪れる意味はないでしょう。この序言をしめくくるにあたって述べたいのは、西海真樹教授に出会えて本当に幸運だったということです。彼は優れた教

授で、私は彼を賞賛します。フランス語に「とても魅力的な男（un homme délicieux）」という表現がありますが、これはまさに彼にあてはまります。私と彼は友人になり、彼は毎年私を中央大学に招き、光栄なことに、彼の講義枠で私が EU 法を講義する機会を与えてくれました。彼の協力は貴重であり彼の仕事は重要でした。というのも、私は学生を前にフランス語で話し、それを彼が毎回日本語に通訳してくれたからです。

　本書の各章を読む人は、EU 法という私たちの法のいくつかの面を発見し、ここ数年、私たちの EU 法の今日性を構成している大きなテーマを知ることができるでしょう。兼頭ゆみ子講師にも心から感謝しています。彼女は西海教授の弟子であり、私は彼女を以前から知っており、彼女の研究者としての成長を見続けてきました。西海教授と兼頭講師が、私の講演を翻訳するという企画を私に提案してきたとき、私は直ちに快諾しました。親愛なる真樹、親愛なるゆみ子（もちろん 2 人以外の中央大学の同僚も私は忘れていません）、私はあなたたち 2 人に感謝し、同時に、あなたたちの国、文化、法について身を焦がすような情熱を抱きながら、今、生きていることを、幸せに思っています。もっとも、この最後のもの、すなわち日本法については、私にはまだまだ学ぶことがあります。

　というわけで、私はこれからも、そしていつも、日本に来なければなりません。

2018 年 6 月 28 日

　　　　　　　　　　　　　　　　　　　　ピエール゠イヴ・モンジャル
　　　　　　　　　　　　　　　　　　　　ベトナム、ハノイにて

訳　語　表

Union européenne ……………………………………… 欧州連合／EU
Parlement européen …………………………………………… 欧州議会
Conseil européen ……………………………………………… 欧州理事会
Conseil ………………………………………………………………… 理事会
Commission européenne ……………………………………… 欧州委員会
Cour de justice de l'Union européenne ……… 欧州司法裁判所／EU 司法裁判所
Traité sur l'Union européenne …………………… 欧州連合条約／EU 条約
Traité sur le fonctionnement de
l'Union européenne ……………………… 欧州連合運営条約／EU 運営条約
Charte des droits fondamentaux de
l'Union européenne ……………………… 欧州連合基本権憲章／EU 基本権憲章
citoyen européen ………………………………… 欧州連合市民／EU 市民
pays membre/État membre ……………………………………… 加盟国
Conseil de l'Europe ………………………………………………… 欧州審議会
Traités（EU 条約と EU 運営条約の総称）…………………… EU 基本条約

略　語　表

ACP ……………………………………… アフリカ・カリブ海・太平洋諸国
APE ……………………………………………………………… 経済連携協定
APS ……………………………………………………………… 戦略連携協定
APT …………………………………………………………… 環太平洋経済連携協定
ASEAN ………………………………………………………… 東南アジア諸国連合
CETA …………………………………………………………… EU・カナダ貿易協定
CFSP ……………………………………………………… 共通外交・安全保障政策

DAC	開発援助委員会
EC	欧州共同体
EEC	欧州経済共同体
FTA	自由貿易協定
JEFTA	EU・日本経済連携協定
MAI	多国間投資協定
OECD	経済協力開発機構
SEFTA	EU・シンガポール自由貿易協定
TAFTA	EU・米国環大西洋自由貿易協定
TPP	環太平洋経済連携協定
WTO	世界貿易機関

目　次

著者序言
訳語表／略語表

第1部　欧州連合

第1章　リスボン条約後の欧州連合：諸機関の民主的・効率的な再構成
L'Union européenne après le traité de Lisbonne :
Des institutions réorganisées, démocratiques et efficaces
.... 3

第2章　欧州連合の民主主義的諸原則：新たな議会間システムの出現か？
Les principes démocratiques de l'Union européenne :
L'émergence d'un système interparlementaire inédit?
.... 19

第3章　欧州連合とブレグジット：今後の見通しは？
L'Union européenne et le Brexit :
Quelles perspectives pour l'Union européenne?
.... 39

第2部　基本権

第1章　欧州連合における基本権保護システム：
基本権に関する単一の欧州法秩序の漸進的実現
Le système de protection des droits fondamentaux dans l'Union

européenne : La réalisation progressive d'un ordre juridique européen unique des droits fondamentaux
.... 49

第2章 欧州連合と国際法：
テロとの戦いという問題を通して示された両システム間の関係
L'Union européenne et le droit international :
Illustration des rapports de systèmes à travers la question de la lutte contre le terrorisme
.... 65

第3章 大衆の電子的監視を禁じた欧州連合司法裁判所判決：
基本的自由の「治安維持」への勝利
L'interdiction de la surveillance électronique de masse par le juge de l'Union européenne : La victoire des libertés fondamentales sur « l'ordre sécuritaire »
.... 75

第4章 宗教の自由と基本権：
欧州私企業におけるイスラム・スカーフ着用の問題
La liberté religieuse et les droits fondamentaux :
La question du port du foulard islamique dans les entreprises privées en Europe
.... 83

第3部　日　欧　関　係

第1章 日本と欧州連合の関係：構築されつつある大型経済連携の争点
Les relations entre l'Union européenne et le Japon :
Remarques sur les enjeux d'un grand partenariat

économique en construction
.... 91

第2章　欧州連合・日本間の経済協力協定：
新世代の2国間経済パートナーシップ協定
L'accord de coopération économique entre l'Union européenne
et le Japon : un accord de nouvelle génération pour
un partenariat économique bilatéral sans précédent
.... 101

第3章　欧州連合の世界的通商戦略：新世代の貿易協定
La stratégie commerciale mondiale de l'Union européenne :
Les accords commerciaux de nouvelle génération
.... 107

訳者あとがき 113

第1部
欧州連合

第1章
リスボン条約後の欧州連合：
諸機関の民主的・効率的な再構成

L'Union européenne après le traité de Lisbonne :
Des institutions réorganisées, démocratiques et efficaces

　この短い講演は、リスボン条約後の欧州連合（EU）の紹介を目的としています。この条約は、ヨーロッパの人々にとって政治的な基礎を創設する契機となるはずであった欧州憲法条約草案の延長上に位置しています。ある見方からすれば、リスボン条約は、欧州憲法条約のもう1つの形に他なりません。それは、欧州憲法条約に定められていた諸改革がリスボン条約に引き継がれているからです。今日、ヨーロッパの人々にとってEUは、より効率的で民主的になったと考えられています。

はじめに

　EUを理解したり、説明・紹介したりするのはいつも簡単というわけではないようです。相次いで法的な文書（ニース条約、欧州憲法条約、リスボン条約）が採択され[1]、経済危機[2]が多発している近年（2005年以降）は特にそうだといえます。そのため、ヨーロッパ人の目にも、また、ヨーロッパ以外の世界の人々の目にも、EUは混沌としていて、バラバラで、全くもって理解しがたいものだと思われているのです。例えば、私はモスクワで講演をしたことが

---

1) EUのHP (http://europa.eu/index_fr.htm)、特に「立法と基本条約」の項 (http://europa.eu/documentation/legislation/index_fr.htm) を参照のこと。
2) S. Paulo, *L'Europe et la crise économique mondiale*, Fondation Robert Schuman, 2011/4 (www.robert-schuman.eu).

ありますが、ロシアの研究者達は、EU の制度が 80 年代のソヴィエトのそれと似ている、つまり EU はソ連に匹敵するものだと私に説明しました。インドのポンディシェリ（プドゥチェリー）では、EU がインドの制度に非常に近い連邦国家だとみなされていました。また、アメリカ合衆国のバーモント州では、これは本当の話なのですが、EU がつくられたため、アメリカは世界の競争相手、つまりヨーロッパ諸国を支援する必要がなくなった。これによってヨーロッパに対するアメリカの影響力が減退してしまったので、アメリカにとって EU［訳註：初期の組織は EEC 等］の創設は政治的な失敗だと考えられていました。昨年講演した神戸では[3]、欧州憲法条約のような大がかりな政治構想を失敗させ、ヨーロッパを理解不能なものにしてしまう我々ヨーロッパ人のもつ度量に、日本の研究者達は当惑しているようでした。私がフランスで教える学生達も、講義内容があまりに難解になったため、EU について学習や研究を続けることを断念してしまうほどです。

　これが私達の EU なのです。EU は、「作成」途上にある大がかりな構想であり、行きつく先がまだわからない正に政治的な実験の場[4]なのです。今日、EU は、新しい基本条約のおかげで存続し、機能し、意思決定ができています。この条約は、EU の一般的な構造の改善に大きく貢献しました。本日は、この条約について皆さんにお話ししたいと思います。しかしこの条約を理解するには、まず、歴史的背景を説明しなければなりません。

3） P.-Y. Monjal, *The Lisbon Treaty : what about European Union after the treaty draft Constitution?* Intervention à la Faculté de droit de Kobé, mars 2010. Voir aussi, « Can European Fundamental Rights be Contested? », *Kobe Law journal* vol. 60, No. 1, June 2010, *Kobe Annals of Law and Politics* (In Japanese), p. 35 et s.

4） EU の法的性質について次を参照のこと。P.-Y. Monjal, « La nature juridique de l'Union européenne : en attendant Godot », *Les petites affiches*, 1995, p. 16 et s. ; L. Azoulai, « La nature juridique de l'Union européenne », *in* G. Cohen-Jonathan (ss la dir.) *Constitution européenne, démocratie et droits de l'Homme*, Bruylant, 2003, p. 97.

➤ 欧州憲法条約草案について

　2004年に起草された欧州憲法条約草案は、EUを再び活性化し、組織的機能を改善するものと考えられていました。この頃のEUは、大きな希望、法的・政治的な野心を抱いていました。事実上、27［訳註：講演当時はクロアチアがまだ加盟していない］のEU加盟国は、1992年のマーストリヒト条約と1957年のローマ条約の2条約を廃止し、単一の憲法的文書となるこの条約案に合意していました。この欧州憲法条約草案は、欧州議会の民主的権限を強化し、意思決定手続きを簡素化し、真のEU法の採択を可能とするものでした。加えて、この草案は、欧州基本権憲章を基本条約に統合し、いわゆるEUの外務大臣ポストを創設し、EUに法人格を付与することになっていました。法人格を備えることでEUは法的な意味における国際組織となる予定でした。

　3年におよぶ交渉と起草を経て、27の加盟国は全会一致でこの条約草案[5]に署名し、あとは批准を待つだけでした。18の加盟国は議会に批准の承認を求め、その他の9ヵ国は国民投票にそれを求めました。しかし、この条約草案はフランスとオランダの国民投票で否決されたのです（それぞれ反対票が55パーセント、65パーセント）。これら2ヵ国の国民が示した意思により、憲法条約は発効しませんでした。フランスでは、EUの経済自由主義的な考え方が非難の的となっていました。また、フランス国内の政治問題もこの条約草案を否決する原因となりました。欧州憲法条約はあくまでもEUという国際組織についての条約であり、法的な意味における憲法ではありません。EUは連邦国家ではないのです。つまり、EU固有の国民というものは存在せず、主権を有しているのもEUではなく、あくまでも加盟国なのです。

---

5) P.-Y. Monjal, « Le projet de traité établissant une constitution pour l'Europe : quels fondements théoriques pour le droit de l'Union européenne? », *Rev. Tr. de droit européen*, 2004, p. 443 et s. Cl. Blumann, « Traité établissant une constitution pour l'Europe : Genèse, contenu, postérité », *Jursiclasseur Europe*, fasc. 120.

➤2007 年リスボン条約（2009 年発効）

当時効力を有していたニース条約に多くの欠陥があったため EU はもはや機能しない恐れがありましたが、さらに、欧州憲法条約の挫折は EU に非常に大きなダメージを与えました。挫折直後の 2 年間（2005-2007 年）、EU には、野心的な発展を再始動させる政治的な見通しが全くありませんでした。しかし、EU 加盟国は、EU 諸機関を改革し、EU の政治的構想を前進させる必要があることを十分に認識していたので、諸国が同意し、欧州憲法条約に結実した成果を放棄するつもりはありませんでした。そこで諸国は、2007 年 12 月 13 日、ポルトガルのリスボンで新たな条約に署名することを決意したのです。

フランス（当時のサルコジ大統領）の推進により 27 の加盟国は、欧州憲法条約にあった憲法、法律、大臣……といった用語を削除する配慮を施しつつも、しかし、実際にはこの条約の内容を 90 パーセント採用しました。こうして既存の 2 つの条約（EU に関する 1992 年マーストリヒト条約と EC を創設した 1957 年ローマ条約）を改正しました。ここで行われたのは正に法的なごまかしです。表面上、これらの 2 条約は、全く新しい条約（リスボン条約）によって改正されましたが、実際、その内容は、諸国の国民が否決した欧州憲法条約と同じなのです。こうしてリスボン条約は、加盟国の批准を残すのみとなりましたが、今回は問題なく済みました。というのも、国民投票を行ったのは、27 ヵ国中 1 国（アイルランド）のみだったからです。2009 年 12 月 1 日、リスボン条約は発効しました[6]。この条約が現在 EU で効力を有している法です[7]。具体的に言えば、この条約には 2 つの条約が含まれています。1992 年のマーストリヒト条約を改正した EU 条約（全 55 条）と 1957 年のローマ条約を改正した EU 運営条約（全 358 条）です。

---

6) リスボン条約による改正を反映した諸条約の正文について次を参照のこと。JOUE C 83, le 30 mars 2010, p. 1 et s.

7) D. Simon, « Le traité de Lisbonne, oui, non, mais à quoi? », *Rev. Europe*, 2008/7, p. 24 et s. P. Graig « The treaty of Lisbon, process, architecture and substance », *EL Rev.*, 2008, p. 137 et s.

法的に言えば、EU は法人格を有する国際組織であり、経済、通商、農業、通貨等に関して多くの権限を有しています。EU に法人格を付与したのはリスボン条約が初めてで[8]、これまでの EU に法人格はありませんでした。加えて、この条約が発効した 2009 年 12 月 1 日から、EU は、1957 年に創設された EC にとって代わったことも強調すべきでしょう。EU は、EC に代替し、これを受け継いだのです。これは、国際組織の承継についての興味深い一例だといえます。27 ヵ国がこの EU の加盟国であり、約 5 億人の EU 市民を擁しています。トルコ、アイスランド、クロアチア、マケドニア、モンテネグロの 5 ヵ国が加盟候補国で、このうちクロアチアは 2012 年か 2013 年に加盟する予定です。［訳註：クロアチアの加盟は 2013 年に実現し、アイスランドは 2015 年に加盟交渉を打ち切った。］

➢ 取り上げるテーマ

　リスボン条約がもたらしたものは重要で、数多くあり、広く機構制度、法、手続き、経済関係に及びます。そのうち、この講演では、EU の独自性というか特殊性を示す主要な 2 つの点を取りあげたいと思います。まず、多大な努力が注がれた EU 内の諸権限の再構成についてお話しします（Ⅰ）。EU の制度的な「仕組み」は 2000 年代（ニース条約）からほぼ機能していなかったので、制度的権限の再構成は不可欠でした。しかし、最も注目すべきことは、おそらく、EU において EU 市民（加盟国の国民）に与えられた地位、役割だと言えるでしょう。この点から言えば、EU は単なる経済統合の国際組織ではなく、政治的で市民的な構想でもあるのです（Ⅱ）。

Ⅰ．EU 内権限の再構成

　リスボン条約は、EU 諸機関の権限を、とりわけ国家に有利な形で再定義、

　8）　J.-M. Blanquet, *Droit général de l'Union européenne*, Sirey, 2012, p. 29 et s.

再配分しました（A）。他方、これにより影響力を失った機関は欧州委員会だと考えられています（B）。

A 国家に有利な権限の再配分

リスボン条約によって、ブリュッセル（EU諸機関の所在地でありEUの"首都"）にある諸機関の作用における加盟国の存在感が大きくなりました。条約を起草したのは加盟国であることを忘れてはなりません。つまり、加盟国は重要な部分や重要な地位を自らのために留保したのです。

これにより、加盟国は、現在、2つのEU主要機関で重要な位置を占め、これらの機関に代表されています（1）。さらに、加盟国は、完全にコントロールできる2つのポストを新設しました（2）。このように、リスボン条約では、EUの政府間機関としての性質が強化されました。今後、念頭におくべき主な見方は、加盟国が、おそらくこれまではもっていなかったEU諸機関における権限を手中にしたということなのです。

1．加盟国を代表する2つの機関
(1) 欧州理事会

欧州理事会は、27ヵ国の国家元首・政府の長で構成されています。この理事会は、政治的にEUに推進力を与えるという意味で、EUの主要な政治機関となりました。欧州理事会は、政治、経済、通貨、国際関係について重要な方針を決定します。例えば、ギリシャ危機に関する決議はこの理事会で採択されました。このように、欧州理事会は重要な裁定や提案を行う役割を有しています。慣行として年に6回から8回ほど参集します[9]。

(2) 理事会（閣僚理事会）

理事会は構成国の政府を代表し、27名の各国閣僚で構成されています。こ

---

9) J.-P. Jacqué, Le conseil européen, *Jurisclasseur*, fasc. 221. J.-M/ Blanquet, préc., p. 117 et s.

の理事会は、外務理事会（加盟国の外務大臣で構成）、経済財政理事会等、9つの分野で構成されています。この理事会は、EUの法的な（あるいは立法における）最高の意思決定機関です。実際、理事会は欧州議会と立法権限を共有していますが、重要なことは、理事会、つまり加盟国が認めない限り、いかなるEU法（規則や指令）も成立しないということです。つまり、加盟国こそがEU法の生みの親であって、決して「被害者」ではないのです。その他、理事会は共通外交・安全保障政策（CFSP）と経済政策の調整に関して中心的な役割を果しています。この理事会は、年に280回ほど集まります[10]。

2．加盟国が制御する2つの新設ポスト

(1) 欧州理事会議長

欧州理事会議長は、2年半の任期で、27の国家元首・政府の長によって選出されます。欧州理事会議長の主な任務は、この理事会の審議を準備し、審議の継続性を確保し、加盟国間のコンセンサスを促進することです。おそらくこのような役割のため、欧州理事会議長は人としてEUを体現するものとなるでしょう。しかし、このポストの主な要点は、加盟諸国の行動を調整し、これに一貫性をもたせ、より効率化することです。このポストの創設によって、EUの機構制度における加盟国の重要性は高まるでしょう。現在の欧州理事会議長はベルギーのヘルマン・ヴァン・ロンプイです［訳註：同氏の在任は2014年11月までだった］。

(2) 外務・安全保障政策上級代表

外務・安全保障政策上級代表のポストを設けたことは、リスボン条約による主要な機構改革の1つです。これにより、諸外国や国際組織に対するEUの行動の一貫性が強化されるでしょう。外務・安全保障政策上級代表は2つの職務を兼ねています。つまり、CFSPの分野で理事会を代表するとともに対外関係

---

10) I. Pingel, « Commentaire des articles 202 et suivants », *Commentaire article par article des traités*, Dalloz, 2010, p. 1354 et s.

を担当する欧州委員会副委員長でもあるのです。したがって、外務・安全保障政策上級代表は、対外政策および共通防衛政策を主導し、かつ、加盟国の外相が定期的に集う会合（外務理事会）の議長も務めます。外務・安全保障上級代表は、CFSPに関して対外的にEUを代表する者であり、EU対外行動庁によって補佐されます。このEU対外行動庁は、いわばEUレベルの外務省にあたり、理事会と欧州委員会の職員、ならびに各国の外務省職員から構成されています。2009年、イギリスのキャサリン・アシュトンが、27の国家元首・政府の長により、5年の任期で、この外務・安全保障政策上級代表として指名されました［訳註：同氏の在任は2014年10月までだった］。

B 欧州委員会の弱体化

　欧州委員会は、27ヵ国の国家元首と欧州議会から選任される27名の委員で構成されています。欧州委員会の委員は独立した存在で、加盟国の国会議員ではありません。そのため、国民や国家を代表しているわけではありません。欧州委員会は約3万人の官吏を擁する非常に強力な行政組織です。経済活動の規制に関して、おそらく世界でアメリカの行政組織に次いで強い権限をもっています。そのため、欧州委員会は、EUの政府、最も活力のある機関、EUの真の原動力だと言われています。ある見方からすれば、これは全くそのとおりです。欧州委員会は、1500億ユーロ（約1800億ドル）の予算を管理し、EU法の法案を提出し、EU法を実施し、諸国によるEU法の適用を監視し、競争法の分野で規則を定めることもできます。

　欧州委員会はEUの初期からずっと大きな権限を行使し、加盟国は、長い間、欧州委員会の影響下にありました。しかし、今後はこの状況が変化すると思われます。欧州委員会が管理され、この委員会の影響力は相対化されるでしょう。例えば、欧州委員会の長は欧州議会によって選ばれます。これにより両者に政治的な関係が生まれ、欧州委員会は自身の活動を議会へ報告しなければならなくなりました。欧州議会は、さらに、欧州委員会の意思を覆すことも可能です。それに、外務・安全保障政策上級代表は副委員長の1人ですが、このポ

ストは加盟国から指名されます。つまり、欧州委員会は、このような統制を介して、加盟国を代表し、欧州委員会には実質的に加盟国が存在するのです。欧州委員会の主導力についていうと、事実上その権限を有しているのは欧州委員会ではなく、加盟国（理事会）です。欧州委員会は、法的に加盟国に実施させようと思うことを、もはや政治的に単独で決定することはできません。それに、現在の欧州委員会委員長は、欧州委員会を、加盟国を凌駕する機関ではなく、加盟国に供する機関にする方針をとっています。欧州委員会はもはや、EUの一般利益を単独で擁護し、主張することができないように思います。誰がEUの主導者かという問いに対する答えは、リスボン条約をみる限り、加盟国だということになるでしょう。

II．EUにおける民主主義の強化

民主主義の強化も非常に重要な問題です。なぜなら、EU市民がEUを非民主的だと感じているからです[11]。市民は、EUという国際組織の官僚に支配され、発言権を与えられていないと感じているのです。フランスではこれをEUの民主主義の赤字と呼んでいます。そこでリスボン条約は、欧州議会の権限を大幅に強化し（A）、さらに、もう1つの民主的要素として、これらの市民を守る欧州基本権憲章を法的拘束力を有するものとして採択しました（B）。

A　欧州議会の権限強化

明らかにリスボン条約で、欧州議会の機能が大幅に強化され、議会はEUの

---

11) この問題については、フランス国民議会のEU代表団による次の報告書を参照のこと。MM. Jérôme Lambert et Didier Quentin, « Vers une Europe plus démocratique et plus efficace : les parlements nationaux, nouveaux garants du principe de subsidiarité », *Rapport d'information* n° 1919. また、次も参照のこと。Le rapport de l'Assemblée nationale française autorisant la ratification du traité de Lisbonne, modifiant le traité sur l'Union européenne et le traité instituant la Communauté européenne et certains actes connexes.

主要機関としての地位を確立しました。そもそも議会権限の強化は、EUの制度的発展にみられる一般的な傾向でもあります。EUの制度的発展の歴史を歪曲に陥ることなく要約すると、それは、第1に、議会権限の発展の歴史であるということができます。この点におけるリスボン条約の重要な点は、欧州議会の民主的正当性の強化（1）と議会が関与する分野の拡大（2）です。それだけでなく、欧州議会の関わる立法手続きの改善にもリスボン条約は寄与しました（3）。

1. 欧州議会の民主的正当性

民主的正当性の問題は政治的に非常に重要です。EUの政治指導者は、EUを強力な民主主義原則に基づく組織にすることが重要だと考えていました。この点で欧州議会は、EUの制度上、一番民主的な組織と見なされており、EUに民主的正当性を付与している機関だといえます。しかし、欧州議会の民主的正当性はどこから導出されるのでしょうか。それは、1979年以降、欧州議会議員を直接普通選挙で選出する27ヵ国の国民を根源としています。それに、1992年以降これらの国民は、EU市民としての地位を有しています。そのため、自らの国籍国以外の加盟国で欧州議会議員として選出されることも可能です。欧州議会は754名の議員で構成され、彼らは5年の任期で加盟国の国民から直接普通選挙で選ばれます。フランスには72名、ドイツには99名……というように議員数が割り当てられています。最近では2009年6月に選挙が行われました。

法的・政治的な観点からいうと、代表民主主義の概念はEU内部の組織運営に明確に存在します。また、この概念はリスボン条約にも示されています[12]。では、リスボン条約ではどのようなことが定められているのでしょうか。それは割と単純なことで、今後は、90パーセント以上のEU法が欧州議会で策定され、採択されるということです。次に話しますが、リスボン条約により欧州

---

12) D. Earnshaw, *The European Parliament*, Basingstoke, Palgrave, 2008.

議会の立法権限が拡大されました。

　欧州議会の権限拡大には、政治的に非常に重要な意義があります。なぜなら、EUという国際組織がつくる法に真の民主的正当性があることを意味するからです。加盟国国民の代表が、実際、規則や指令といったEU法の策定に関わっているのです。このことが重要なのは、EU法が一般市民や企業に直接に義務を課し、かつ国内法に優越するからです。つまり、EU法は、連邦国家の連邦法のように、国内法に強制的に課される規範なのです。EU法の民主的正当性が高まれば、それだけEU法の優越も受け入れられることになるのです。他方で、民主的統制の観点からいえば、EUの選挙民は、欧州議会議員の再選を阻むことができることも知るべきでしょう。また、現在、欧州議会には7つの会派があり、この議会が政治的多元主義に基づくことを示しています。

　しかし、欧州議会選挙の投票者数がだんだん減少しており、これが深刻な問題となっています。投票棄権率は約55パーセントに達し、いくつかの加盟国では75パーセントという時もあります。これは、EUにおける民主主義の危機であり、欧州議会の民主的正当性を損なうものと考えられています。根本的に、この問題の大きな原因は、EU諸機関のこと、これらの機関の有用性、欧州議会の権限、EU自体の権限についてよく理解されていないことにあります。フランスにもこれはよくあてはまります[13]。

2．欧州議会が有する立法権限の拡大

　欧州議会が民主的で正当性を有する機関だと明確化するだけでは十分ではありません。また、欧州議会が90パーセントものEU法を採択すると述べても十分ではありません。決定的に重要なのは、リスボン条約によって欧州議会の関与が認められた分野の数です。これについて2つの事実を挙げることができます。1つは、欧州議会が関与する分野は基本条約が改正されるたびに増えて

13）　O. Cost Saint Martin, *Le Parlement européen*, Paris, La Documentation Française, 2009. J. Navarro, *Les députés européens et leur rôle*, Bruxelles, Editions de l'Université de Bruxelles, 2009.

いることです。1992年のマーストリヒト条約では23分野、2001年のニース条約では33分野、リスボン条約では73分野になりました。もう1つは、これらの分野がEU市民の日常生活に関わるものであることです。具体的に言えば、市民にとって重要な分野のEU法の多くは欧州議会によって採択されるのです。法的に言えば、これらの分野では、加盟国に代わってEUが介入することを、加盟国自身が認めたことを意味しています。

ここで、欧州議会が関与する73の全分野を列挙することはしませんが[14]、主な分野として次を挙げることができます。加盟国の公共サービスの組織に関する一般規則、EUの公文書へのアクセス、個人情報の保護、労働者・サービス・資本の自由移動、査証・庇護・移民といった国境管理に関する措置、加盟国間の刑事・警察協力、欧州中央銀行や安定・成長協定等の経済政策、雇用、社会政策、環境、消費者保護、EU予算（単年度1500億ユーロ）等です。

欧州議会は立法権を有するだけでないことも付け加えるべきでしょう。欧州議会は、調査委員会によって理事会を統制し、欧州委員会に対しては、欧州委員会委員長の選出権、欧州委員会委員の承認手続き、総辞職動議による責任追及といった手段によって統制します。

3．立法手続きの簡素化

立法手続きのアクターであるEU諸機関も、特にEU市民も、EUの立法手続きを複雑なものだと思っています。しかし、よく見れば、その手続きは我々のよく知る議院内閣制の立法手続きとかけ離れているわけではありません。その証拠に、リスボン条約では、EU法の採択手続きを「通常立法手続」と呼んでいます。

例えば、先に列挙した分野では、次のような立法手続きがとられます。
＊EU法（規則や指令）の法案提起：
法案を作成するのは欧州委員会です。しかし、法案の70パーセントは、加盟

---

14) Cl. Blumann, *Droit institutionnel de l'Union européenne*, Litec, 2012, p. 276 et s.

国や欧州議会の要請に基づいて作成されています。欧州委員会は法案を欧州議会と理事会に提出します。

＊第1読会：

欧州議会は、提出された法案を検討し、望ましい形に修正します。そしてその修正が理事会へ送付されます。理事会がその修正を認める場合、法案は採択されます。しかし、理事会が議会による修正を認めず、さらに別の修正を付した場合、理事会による新たな修正案が議会へ送られます。

＊第2読会：

欧州議会が理事会の修正を承認すると法案は採択されます。承認しない場合は採択に至らず、欧州議会は第1読会の時の自身の修正か、あるいは新たな修正を付すことができます。この場合、法案は、理事会の第2読会へ再度送付されます。理事会が修正を認めれば法案は採択されます。しかし、理事会が議会の修正を認めない場合、調整委員会が招集され、この委員会で法案を採択するかどうかが決められます。

＊立法手続きについての3つの指摘

　第1に、欧州議会は単独で立法権を有するわけではありませんが、常に法案の修正権を有しています。よって、この立法手続きで採択されるEU法は、必ず、欧州議会で検討され、採択されることになります。したがって、EU法は民主主義に基づき必ず票決に付されているのです。

　第2に、75パーセントの確率で、理事会と欧州議会は第1読会で合意に至っています。

　第3として、リスボン条約で理事会の票決手続きが修正されました。これからは、EU総人口の65パーセント（5億人のうちの3億2500万人）に相当し、加盟国の55パーセント（27ヵ国中15ヵ国）が法案あるいは修正案に賛成の場合、理事会で承認されたものとみなされます。

B 欧州基本権憲章

リスボン条約の発効に伴い、欧州基本権憲章も法的効力を有することになりました[15][訳註：EU条約6条1項]。

1．欧州基本権憲章の内容

基本権憲章は、54条からなり、個々のEU市民にとって最も重要だと考えられる権利を保障しています。これらの権利は6つの分野（尊厳、自由、平等、連帯、市民権、司法）に分類されています。

2．欧州基本権憲章の効力

重要なのは、この憲章が果たす役割です。この憲章は、明らかに、EU諸機関の行動を統制する文書となります。そのため、これらの機関が、憲章上の権利、例えば平等、防御権、差別禁止、表現の自由等を侵害するような内容の法や行為を採択することはできません。もしそのような法や行為が採択された場合、欧州司法裁判所によって取り消されます。しかし、最も重要なのは次の点だと思われます。

ヨーロッパの法的・政治的な考え方では、民主主義が次の3つの基準に照らして評価されます。つまり、① 人々が民主的に代表されているかどうか、② 政治権力に対する民主的統制がなされているかどうか、③ 政治権力から個々人の基本的人権が保護されているかどうか、です。これら3つの要素がそろっている政治制度は、民主的だとみなされます[16]。EUにこれらを当てはめてみると、すべての要素がそろっています。このように、欧州基本権憲章は、EUの意思決定行為の民主的正当性を高めることに寄与しているのです。もっ

---

15)　重要な研究として次を参照。G. Braibant, *La Charte des droits fondamentaux de l'Union européenne*, Le Seuil, Paris, 2001.

16)　J. Dutheil de la Rochère, « La Charte des droits fondamentaux de l'Union européenne », *Jurisclasseur*, fasc. 160.

とも法的観点からみると、この憲章の目的が、人権の享有主体であるEU市民の人権の尊重確保、つまり、EUの公権力による措置を人権に基づき統制することに変わりはありません。

結　　論

　独自の発展的な民主主義原則に則り、多くの分野（経済、環境、社会等）で共に行動することを望む自由な諸国と人民からなる連合、これがリスボン条約以降の我々のEUの姿です。EUに降りかかる経済危機や政治危機がその歩みを遅らせるように思えても、このように、EUは常に前進し、自らを創造し続けているのです。

参 考 文 献

BAILLEUX, Antoine, DUMONT Hugues, *Le pacte constitutionnel européen. Tome 1, Fondements du droit institutionnel de l'Union*, Bruxelles : Bruylant, 2015.

BERROD, Frédéric (et al.), *Europe(s), droit(s) européen(s) : une passion d'universitaire : Liber Amicorum en l'honneur du professeur Vlad Constantinesco*, Bruxelles : Bruylant, 2015.

BERTRAND, Brunessen, PICOT Fabrice, ROLAND Sébastien (sous la dir.), *L'identité du droit de l'Union européenne : mélanges en l'honneur de Claude Blumann*, Bruxelles : Bruylant, 2015.

CAPOTORTI, Francesco (et al.), *Le traité instituant l'Union européenne : un projet, une méthode, un agenda*, Bruxelles : Éd. de l'Université de Bruxelles, 2014.

CONSTANTINESCO, Vlad, « Les cinq ans du traité de Lisbonne », *Journal de droit européen*, v. 23, n. 215, janvier 2015, p. 1.

COUNCIL OF THE EUROPEAN UNION, *Traités consolidés, Charte des droits fondamentaux 2016*, Luxembourg : Publications Office 2016.

COUNCIL OF THE EUROPEAN UNION, *Traité Euratom : version consolidée 2016*, Luxembourg : Publications Office 2016.

COUTRON, Laurent, *Droit de l'Union européenne : institutions, sources, contentieux*, Paris : Dalloz, 2015.

DELILE, Jean Félix, « L'invocabilité des accords internationaux devant le Jude de la légalité des actes de l'Union européenne : Etat des lieux à l'occasion des arrêts

'Vereniging Milieudefensie et Stichting Natuur en Milieu' », *Cahiers de droit européen*, v. 51, n. 1, 2015, p. 151-178.

FROMAGE, Diane, *Les parlements dans l'Union Européenne après le traité de Lisbonne : la participation des parlements allemands, britanniques, espagnols, français et italiens*, Paris : L'Harmattan, 2015.

KADDOUS, Christine, PICOD, Fabrice (éds.), *Traité sur l'Union européenne ; Traité sur le fonctionnement de l'Union européenne : tels qu'ils résultent du traité de Lisbonne*, Berne : Stämpfli, 2016.

LECLERC, Stéphane, *L'essentiel du droit des institutions de l'Union européenne*, Paris : Gualino, 2015.

MEYER-HEINE, Anne, « Le TFUE et l'assistance financière à un Etat membre : réflexions liées à la mise en place du MES », *Revue de l'Union Européenne*, n. 574, janvier 2014, p. 13-38.

PARLEMENT EUROPÉEN, *Les droits fondamentaux dans l'Union européenne : le rôle de la Charte après le Traité de Lisbonne : analyse approfondie*, Luxembourg : Publications Office, 2015.

PARLEMENT EUROPÉEN, *Compétence de l'Union européenne en droit privé : cadre du droit privé européen établi par les traités et problèmes de cohérence : analyse approfondie*, Brussels : European Parliament, 2015.

PRIOLLAUD, François-Xavier, SIRITZKY, David, *Les traités européens après le traité de Lisbonne : textes comparé*, Paris : Documentation française, 2016.

SNYDER, Francis ; LU, Yi (sous la dir.), *The future of transnational law = L'avenir du droit transnational : UE, USA, Chine et les BRICS = EU, USA, China and the BRICS*, Bruxelles : Bruylant, 2015.

ZARKA, Jean-Claude, *Traités européens : les points clés des traités qui ont rythmé l'histoire de la construction de l'Union européenne*, Issy-les-Moulineaux : Gualino, 2015.

第 2 章
欧州連合の民主主義的諸原則：
新たな議会間システムの出現か？

Les principes démocratiques de l'Union européenne : L'émergence d'un système interparlementaire inédit?

　多くの場合、欧州連合（EU）は、地域的経済統合に関する国際組織として紹介されます。確かにそれはその通りなのですが、EU を経済的側面や経済的な活動のみに単純化して説明するのは十分ではなく、EU の分析として間違っているといえます。事実、EU は、第一義的にとは言わないまでも、真の政治的な構想でもあるのです。この点に関してリスボン条約は、EU を、法的に確認できる大変強力な民主主義原則に基づく組織にしました。それだけでなく、この条約は、ヨーロッパにおける新しいタイプの議会政治制度を EU にもたらしました。

はじめに

　EU が有しているのは経済的側面だけではありません[1]。それに EU は、経済発展のみを目的とする大規模な関税同盟のようなものでもありません。確かに EU は、地域的経済統合組織であり、世界の超大国と肩を並べる地位を獲得しました。確かに、基本条約の限られた部分だけを読むと、そこには EU の経済的機能が明らかにされています。例えば、域内市場（モノ・人・サービス・資本の自由移動）、競争法（カルテル禁止や国家援助の禁止）、単一通貨などで

---

1) EU の政治的アプローチに関して次を参照のこと。Ch. Zorgbibe, *Histoire de l'Union européenne*, Albin Michel, Paris, 2005. J. Gillingham, *European Integration 1950–2003 : superstate or new maket economy*, Cambridge University press, 2003.

す。

　しかし、EU を経済的観点からのみ捉える見方は、EU 構想に対する野心や EU と加盟国がもつ目的を理解しようとする場合に、間違いなく適切だといえるでしょうか。私はそうは思いません。EU が自由主義経済に基づくことや EU の経済的性質[2]を否定するわけではありませんが、EU はそれだけではないのです。特にリスボン条約以降、市民も法学者も政治学者も EU の機構制度や EU の効力、意義について再考するようになっています。よく検討すると、EU は、新たに概念化が可能なほど精緻化された段階、制度として成熟した段階にあることがわかるでしょう。EU とは、常に創造され続けるものであり、また、国家主権、国際組織、既存の法概念では形容しがたい権限の共同行使、この3つが微妙なバランスで混在するものなのです。EU 加盟国は、他に類をみない制度の構築という冒険に乗り出したのであり、この制度が法的・政治的にどのような形に行きつくかはまだ明らかではありません[3]。本日は、この冒険のいくつかの観点について詳しくお話ししたいと思います。特に、最も新しく、かつ特徴的な点の1つである EU の民主的側面を明らかにしたいと思います。しかし、まず前提としていくつかのことを説明しなければなりません。

---

2) この点に関する大変重要な著作として次を参照のこと。Cl. Blumann et L. Dubouis, *Droit matériel de l'Union européen*, Montchrestien, Paris, 2011.

3) これは、従来からある問題だが、解決をみていない。80年代、この点について盛んに研究されが、その後、学説は、この問題を更に追究することも、EU という法的対象に既存の法概念をあてはめることもしなくなった。EU は、既存のどの概念カテゴリーにもあてはまらない。次を参照のこと。P.-Y. Monjal, *Recherche sur la Hiérarchie des normes en droit communautaire*, LGDJ, 2000, 629 p. M. Croisat, *L'europe et le fédéralisme*, Montchrestien, éd. Clef, 1996. J. Molinier, « La notion de pouvoir public commun et la nature des Communautés européennes », *in* Mélanges G. Isaac, Presses universitaires de Toulouse, 2004, p. 191 et s. この点の新しい議論について次を参照のこと。P.-Y. Monjal, « Recherches doctrinales sur la notion de commun », *Rev. de Droit public*, 2007, p. 1291 et s.

▶ リスボン条約の紹介

　リスボン条約は、2004年の欧州憲法条約草案の失敗から生まれました。この「憲法的な条約」は、EUを再び活性化し、EUの制度運営を改善するものと考えられていました[4]。事実上、27［訳註：講演当時はクロアチアがまだ加盟していない］のEU加盟国は、1992年のマーストリヒト条約と1957年のローマ条約の2条約を廃止し、単一の憲法的文書となるこの条約草案に合意していました。この欧州憲法条約草案は、欧州議会の民主的権限を強化し、意思決定手続きを簡素化し、真のEU法の採択を可能とするものでした。加えて、この草案は、欧州基本権憲章を基本条約に統合し、いわゆるEUの外務大臣ポストを創設し、EUに法人格を付与することになっていました。法人格を備えることでEUは法的な意味における国際組織となる予定でした。

　3年におよぶ交渉と起草を経て、27の加盟国は全会一致でこの条約草案に署名し、あとは批准を待つだけでした。18の加盟国は議会に批准の承認を求め、その他の9ヵ国は国民投票にそれを求めました。しかし、この条約草案はフランスとオランダの国民投票で否決されたのです（それぞれ反対票が55パーセント、65パーセント）。これら2ヵ国の国民が示した意思により、憲法条約は発効しませんでした。フランスでは、EUの経済自由主義的な考え方が非難の的となっていました。また、フランス国内の政治問題もこの条約草案を否決する原因となりました。欧州憲法条約はあくまでもEUという国際組織についての条約であり、法的な意味における憲法ではありません。EUは連邦国家ではないのです。つまり、EU固有の国民というものは存在せず、主権を有しているのもEUではなく、あくまでも加盟国なのです[5]。

---

4) P.-Y. Monjal, « Le projet de traité établissant une constitution pour l'Europe : quels fondements théoriques pour le droit de l'Union européenne? », *Rev. Tr. de droit européen*, 2004, p. 443 et s. Cl. Blumann, « Traité établissant une constitution pour l'Europe : Genèse, contenu, postérité », *Jursiclasseur Europe*, fasc. 120.

5) Rapport du député M. Herbillon, *La fracture européenne*, la doc. française, 2005. この報告書は、欧州憲法条約の失敗原因について法的・政治的に最も優れた批判・分析がなされている文献の1つである。

当時効力を有していたニース条約に多くの欠陥があったためEUはもはや機能しない恐れがありましたが、さらに、欧州憲法条約の挫折はEUに非常に大きなダメージを与えました。挫折直後の2年間（2005-2007年）、EUには、野心的な発展を再始動させる政治的な見通しが全くありませんでした。しかし、EU加盟国は、EU諸機関を改革し、EUの政治的構想を前進させる必要があることを十分に認識していたので、諸国が同意し、欧州憲法条約に結実した成果を放棄するつもりはありませんでした。そこで諸国は、2007年12月13日、ポルトガルのリスボンで新たな条約に署名することを決意したのです。

フランス（当時のサルコジ大統領）の推進により27の加盟国は、欧州憲法条約にあった憲法、法律、大臣……といった用語を削除する配慮を施しつつも、しかし、実際にはこの条約の内容を90パーセント採用しました。こうして既存の2つの条約（EUに関する1992年マーストリヒト条約とECを創設した1957年ローマ条約）を改正しました。ここで行われたのは正に法的なごまかしです[6]。表面上、これらの2条約は、全く新しい条約（リスボン条約）によって改正されましたが、実際、その内容は、諸国の国民が否決した欧州憲法条約と同じなのです。こうしてリスボン条約は、加盟国の批准を残すのみとなりましたが、今回は問題なく済みました。というのも、国民投票を行ったのは、27ヵ国中1国（アイルランド）のみだったからです。2009年12月1日、リスボン条約は発効しました。この条約が現在EUで効力を有している法です。具体的に言えば、この条約には2つの条約が含まれています。1992年のマーストリヒト条約を改正したEU条約（全55条）と1957年のローマ条約を改正したEU運営条約（全358条）です[7]。

---

6) Cl. Blumann, « La relance de l'Europe : le traité simplifié, libres propos », *JCP* G, 2007, act. 317.
7) リスボン条約による改正を反映した諸条約の正文について次を参照のこと。*JOUE* C 83, le 30 mars 2010, p. 1 et s.

➢ リスボン条約の主要な貢献

リスボン条約の発効した2009年12月1日以降、EUは、1957年に創設されたECに取って代わりました。EUは、法人格を付与され、ECに代替し、かつ、これを継承する新しい組織となったのです。これは、国際組織の承継の興味深い一例であるといえます。5ヵ国（トルコ、アイスランド、クロアチア、マケドニア、モンテネグロ）が加盟候補国であり、2013年にクロアチアの加盟が予定されています［訳註：アイスランドは2015年に加盟交渉を打ち切った］。

基本的に、リスボン条約によって、EU27ヵ国は次のように変わるということができるでしょう[8]。

＊より効率的なEU：27ヵ国でもよく機能する作業方法、簡素化された投票規則、刷新された諸機関をEUは具備することになります。

＊権利と価値を共有する、自由・連帯・安全のEU：EUの諸価値を促進し、基本権憲章を統合し、新しい連帯メカニズムを定め、EU市民に最良の保護を保障します。

＊国際社会のアクターとしてのEU：EU対外政策の諸権限が再編成されました。リスボン条約により、EUとして世界へ明確に発言することが可能になりました。また、EUの利益と価値のために、EUは世界で経済力、政治力、外交力、人道的な力を発揮するでしょう。

＊より民主的で透明性の高いEU

この最後の点についてお話ししたいと思います。この点を検討すると、EUが明確な民主主義原則に立脚し、EU市民がEUの民主主義制度の中心に据えられていることがよくわかります（Ⅰ）。とりわけ法制度として最も興味深いのは、リスボン条約が欧州議会と加盟国議会にこれまでにない特権を付与したことです。これにより、現在、議会間システムというものが機能しています

---

8) J.-L. Quermonne, « Le traité réformateur européen dans le temps long », *RMCUE*, 2007, p. 549 et s. Schwarze, « Le traité de Lisbonne : quelques remarques d'un observateur allemand », *RMCUE*, 2008/5, p. 288 et s.

(Ⅱ)。

Ⅰ．EUにおける民主主義原則：
EUの政治的構想の中心におかれた市民

EUの市民自体が、EUが彼らのための組織でもあることよくわかっていません。EUは、加盟国が共同して行う経済活動や経済目的を達成する手段であるだけではないのです。あまり評価されていませんが、EUは、政治的で民主的な野心的構想でもあるのです。EUという構想は、よく知られている2つの政治原則、つまり、代表民主主義の原則（A）と参加民主主義の原則（B）に基づいています。

A 代表民主主義の原則

この原則や条約上の表現、その効力（2）について述べる前に、EUが依拠する一般的な法・政治的原則とは何かについて、まずおさらいしたいと思います（1）。

1．EUの一般的な政治原則

ここで、この政治原則の話を深く掘り下げるのは適切ではありません。ただ、27の加盟国がEUをどのようなものにしたいと考えているかを理解するため、これらの一般的な原則を簡単に紹介するにとどめたいと思います。EUは単なる国際組織ではありません。EUとは、共通の価値と権利に基づき、常に変化している制度なのです。EUの加盟国になるということは、単なる地理的な問題ではないのです（27の現加盟国はすべてキリスト教国ですが、加盟候補国のトルコはイスラム教国です）。基本条約上、EUへの加盟は、価値基盤、つまり、EUの政治的アイデンティティーを形作る諸価値を支持することを意味します。そのため、加盟国がEUの諸原則に違反した場合、制裁されたり、一時的に除名される可能性もあります[9]。

EUの一般的な原則や価値は、EU条約2条に示されています。

　連合は、人間の尊厳の尊重、自由、民主主義、平等、法の支配、人権の尊重、少数者に属する人々の権利、これらの諸価値[10]に基礎をおく。
　これらの諸価値は、多元主義、差別の禁止、寛容、正義、連帯、男女平等を特徴とする社会をもつ加盟国に共通するものである。

さらにこの条約の3条は、EUの目的を明確に示しています。

　連合の目的は、平和、連合の諸価値および連合の諸人民の福祉を促進することである。
　連合は、連合市民に、域内境界のない、自由、安全および正義の地域を提供する。その域内では、対外国境の管理、庇護、移住……に関する適切な措置と関連して、人の自由移動が保障される。
　連合は域内市場[11]を設立する。連合は、均衡のとれた経済成長および価格の安定、完全雇用および社会の発展を目指す高度に競争的な社会的市場経済、ならびに環境の質の高水準の保護および改善に基づくヨーロッパの持続可能な発展のために活動する。連合は科学的および技術的進歩を促進する。
　連合は、社会的疎外および差別と闘い、社会的正義および保護、男女平等、世代間の連帯、ならびに子どもの権利の保護を促進する……。

---

9) F. Fines, « De l'influence de la crise autrichienne sur l'avenir de l'Union européenne », Mélanges G. Isaac, préc., p. 105 et s. Y. Petit, « Quelques réflexions sur la capacité d'intégration de l'Union européenne », *RMCUE*, 2007, p. 506 et s. E. Brosset et autres (dir), *Le traité de Lisbonne : reconfiguration ou déconstitutionnalisation de l'Union européenne*, Bruylant, 2009.

10) この点をより掘り下げたアプローチについて次を参照。Cl. Blumann, *Droit institutionnel de l'Union européenne*, Litec, 2012, p. 50 et s.

11) 域内市場の概念について次を参照。L. Vogel, *Droit européen des affaires*, Dalloz, coll. connaissance du droit, 2011.

これらは EU の真の目的なのでしょうか、それとも単なるレトリックにすぎないのでしょうか？これに対する私の答えは明白です。これらは、EU の全ての行動（裁判も含む）を方向づけ、かつ、意味を与える政治的で経済的な綱領なのです。しかし、この綱領が実施されるのは、EU に配分された権限の枠内に限られます。つまり、EU が権限を法的に与えられている 24 の社会経済政策分野においてのみ、この綱領は具体的に実施されるのです。

しかし、EU の諸原則はこれらだけではありません。これら以外にも、明確な法的・政治的効力を有する諸原則があります。これらは、リスボン条約により新たに取り入れられました。

2．EU における民主政治の諸原則

基本的に国家的な性質の政治原則や民主主義原則を国際組織である EU の諸価値として定め、確立することは、加盟国にとって容易ではありませんでした。今日、これらの原則は基本条約に定められていますが、それは、加盟国が EU を大規模な「政治的」構想だとはっきり認識したことを意味します[12]。

リスボン条約は、EU の基盤となる民主主義原則を、私が思うに簡潔な形で表明しています。これらの原則は、もちろん EU が民主主義に基づくことを正当化すると同時に、EU 諸機関の正当性も明確に確立するものです。これらは、EU 条約第 2 編に定められています。後に述べますが、EU 市民はこれらの原則に基づく制度の中心に位置づけられています。

EU 条約 9 条には次のように定められています。

　　加盟国のすべての国民は、連合市民である。連合市民権は、国家の市民権に追加されるものであり、それに取って代わるものではない。
　　連合は、そのすべての活動において、連合市民の平等の原則を遵守す

---

12)　民主主義概念と EU の憲法的枠組の概念について次を参照。Cl. Blumann, *Droit institutionnel...*, préc., p. 33 et s.　とりわけ次を参照。*Le principe démocratique dans le droit de l'Union européenne*, Thèse, 2009, Paris II.

る[13]。

EUにおける民主主義概念とその実施方法を定める10条と11条は、おそらく最も興味深いものでしょう。まず、次のように定められています。

連合の運営は、代表民主主義に基礎をおく。

代表民主主義の概念は、通常、憲法にみられるものですが、このようにEUの制度にも適用されています。それは次のことを意味します。

市民は、連合レベルでは、欧州議会において直接に代表される。欧州レベルの政党は、欧州の政治意識の形成および連合市民の意思の表明に寄与する。
加盟国は、欧州理事会において国家元首または政府の長により、理事会において政府により代表され、その政府は国内議会または市民に対し民主的に責任を負う。

これらの規定には、代表民主主義の原則がどのように定められ、個人がどのように位置づけられているかが示されています。個人は、単なる消費者や経済主体ではありません。しかし、おそらく最もユニークなのは、EUにとって新しいもう1つの民主主義原則、つまり、参加民主主義の原則の存在です。

B 参加民主主義の原則

おそらくこの原則は代表民主主義原則ほど知られてはいません。参加民主主義ではなく、直接民主主義という表現が使われる場合もあります。正確に言うと、参加民主主義という言葉が基本条約で使われているわけではありませんが、「全ての市民は、連合の民主的運営に参加する権利を有する」と定める10

---

13) P. Dollat, *La citoyenneté européenne : théorie et statut*, Thèse, Bruyant, 2011.

条から容易に導出することができます。EU における参加民主主義とは、欧州議会議員選挙への参加や EU が採ろうとする政策について市民が情報を得る手続き、あるいは市民が意見を求められる手続きのみを意味するものではありません。実際、その他にも市民が EU の運営に積極的に関与することができる次の 3 つの手段があります[14]。

1．オンブズマン

オンブズマンは欧州議会により選ばれます。その任期は 5 年で、再選も可能です。オンブズマンは、市民、企業、EU 諸機関から訴えを受理し、「不適正な行政」の事例を公にすることに貢献します。「不適正な行政」とは、EU の諸機関による法の不遵守、適正な行政の原則の懈怠、人権侵害の場合をいいます[15]。具体的な例としては、不公正な慣行、差別、権力濫用、情報の不十分な提供または提供の拒否、不当な遅滞、不正確な手続き、が挙げられます。

オンブズマンは、市民の訴えを受け、あるいは自発的に調査を開始します。調査の結果、非訴訟的な解決、つまり EU 機関と市民の間で和解に終わることもあります。オンブズマンは完全に独立して行動し、いかなる政府や組織の指示も受けません。ここで理解すべきことは、民主国家ですでに認められているオンブズマンの制度が EU に導入されたということです。オンブズマンの制度は、民主主義の一要素であり、EU 諸機関の行為を統制する手段なのです[16]。

---

14) EU 条約において参加民主主義の概念が用いられているわけではない。この概念はフランスの政治言説においてはよく使われ、とりわけ 2007 年のフランス大統領選挙の際に使われた。しかし、法理論上は成熟した概念とはいえない。

15) オンブズマンの役割について次を参照。I. Montaut, *La protection non juridictionnelle des personnes dans l'ordre juridique communautaire*, Thèse, Tours, 2000. とりわけ次を参照。S. Karagiannis et Y. Petit (dir), *Le médiateur européen : bilan et perspectives*, Bruylant, 2008.

16) EU サイト上のオンブズマンの年次報告書を参照。http://europa.eu/about-eu/institutions-bodies/ombudsman/index_fr.htm

2．請願権

　請願とは、EU法の適用に関する個人的な依頼、不服申立て、意見、あるいは欧州議会にある問題について立場を表明するよう求めることを意味します。請願に基づき欧州議会は、加盟国、地方自治体その他の機関がEU市民に対し行っている権利侵害を明らかにします。欧州議会には請願のみを担当する委員会があり、毎月会合が開かれています。請願は、不服申立や要望書の形式をとり、公益に関する場合も私的な利益に関する場合もあります。全てのEU市民または加盟国の居住者は、個人でも集団でも、EUの権限分野に属し請願者に直接関係する問題について請願することができます。EU域内に本拠地をおく企業にも請願権があります[17]。

3．市民発議権

　市民発議権とは、市民のためのより直接的な新しい政治参加の方法です。これは、少なくとも全加盟国の4分の1に相当する諸国の出身者からなる100万人のEU市民が、彼らの懸案に関して欧州委員会に法案提出を求める手段です。

　これは、EU市民がEU法の提案者となりうる確かな手段であるという点が重要です。しかし実際、法的には、欧州委員会のみが欧州議会と理事会に法案を提出する権限を有しています[18]。

＊組織：市民発議は、少なくとも7加盟国に居住する少なくとも7名のEU市民で構成される市民委員会が提起しなければなりません。欧州議会議員は、この委員会の設立に必要とされる市民になることはできません。

＊最低署名数：市民発議は、少なくとも7つの加盟国（規則ではEU加盟国全体の少なくとも4分の1となっています。つまり27ヵ国中7ヵ国です。）の出身者からなる少なくとも100万人のEU市民から（署名により）支持されなけ

---

17)　J.-M. Blanquet, *Droit général de l'Union européenne*, Sirey, 2012.

18)　この点に関する重要な論考として次を参照。R. El-Herfi, « L'initiative citoyenne européenne », *RDUE*, 2011/4, p. 677 et s.

ればなりません。

＊発議：1年内に発議に必要な署名数に達したとしても、欧州委員会は（理由を付して）市民の要請に基づく法案を提出しないことも、逆に、法案を提出することもできます。しかし、いずれにせよ、欧州委員会委員長が法的な理由以外で法案提出を拒否できるとは考えづらいです。欧州委員会委員長は、欧州議会によって選出されますが、その欧州議会の議員は諸国の国民から選ばれることを忘れてはなりません。つまり、このように、民主主義に基づき新しい関係性がつくられているのです。しかし、この制度はまだ実験段階にとどまっています。現在のところ、1つの発議のみが登録されています。それは、2011年3月にグリーンピースが、遺伝子組み換え作物の耕作停止を求めて行った発議です。厳密にいえば、この発議は受理されません。法的には2012年4月1日以降にしか発議を提起できないからです。他には、例えばトービン税についての発議が考えられます。

　Ⅰの結論としていえるのは、市民は、EUの政治的構想において忘れられた存在ではないということです。市民は、諸制度の中心に位置し、EUへの関与を可能にする新たな法的手段を有しています。しかし、EUの民主主義には、次のように議会も関わっています。

Ⅱ．民主主義原則の実施：EU政治制度の中心にある議会

　この点は最も興味深い要素の1つであり、この点についてリスボン条約は多くのことを定めています。ここで述べるのは、代表民主主義の観点から国民や市民が議会によって代表される仕組みについてです。国民や市民は、自らのために働いてもらうため選出議員にさまざまなことがらを委任します。EUのレベルでは、この仕組みが基本条約の改正の度に少しずつ改善されてきました。これから述べるように、EUのレベルでも（A）、国内のレベルでも（B）、国民の代表は新たな特権を付与されました。この文脈において、私が冒頭で触れた議会間システムが出現しつつあるのです。

A　欧州議会の権限強化

　欧州議会は、EU 諸機関の中で最も民主的正当性を有する機関です（EU 機関としてその他に、欧州理事会、理事会、欧州委員会および欧州司法裁判所があります）。欧州議会の正当性は、1979 年以降、欧州議会議員を直接普通選挙で選出する 27 ヵ国の国民を根源としています。それに、1992 年以降これらの国民は、EU 市民としての地位を有しています。そのため、自らの国籍国以外の加盟国で欧州議会議員として選出されることも可能です。欧州議会は 754 名の議員で構成され、彼らは 5 年の任期で加盟国の国民から直接普通選挙で選ばれます。フランスには 72 名、ドイツには 99 名……というように議員数が割り当てられています。最近では 2009 年 6 月に選挙が行われました[19]。

　リスボン条約ではどのようなことが定められているのでしょうか。それは割と単純なことで、今後は、90 パーセント以上の EU 法が欧州議会で策定され、採択されるということです。次に話しますが、リスボン条約により立法手続きが簡素化され (1)、欧州議会の立法権限が拡大されました (2)。

1．簡素化された立法手続き

　立法手続きのアクターである EU 諸機関も、特に EU 市民も、EU の立法手続きを複雑なものだと思っています。しかし、よく見れば、その手続きは我々のよく知る議院内閣制の立法手続きとかけ離れているわけではありません。その証拠に、リスボン条約では、EU 法の採択手続きを「通常立法手続」と呼んでいます。

　例えば、基本条約でこの手続きに則ることが示された分野では、次のような立法手続きがとられます。

＊ EU 法（規則や指令）の法案提起：
法案を作成するのは欧州委員会です。しかし、法案の 70 パーセントは、加盟

---

19)　欧州議会の意思決定手続きについて次を参照。J.-P. Jacqué, *Droit institutionnel de l'Union européenne*, Cours Dalloz, 2009.

国や欧州議会の要請に基づいて作成されています。欧州委員会は法案を欧州議会と理事会に提出します。

*第1読会：
欧州議会は、提出された法案を検討し、望ましい形に修正します。そしてその修正が理事会へ送付されます。理事会がその修正を認める場合、法案は採択されます。しかし、理事会が議会による修正を認めず、さらに別の修正を付した場合、理事会による新たな修正案が議会へ送られます。

*第2読会：
欧州議会が理事会の修正を承認すると法案は採択されます。承認しない場合は採択に至らず、欧州議会は第1読会の時の自身の修正か、あるいは新たな修正を付すことができます。この場合、法案は、理事会の第2読会へ再度送付されます。理事会が修正を認めれば法案は採択されます。しかし、理事会が議会の修正を認めない場合、調整委員会が招集され、この委員会で法案を採択するかどうかが決められます。

*立法手続きについての3つの指摘

　第1に、欧州議会は単独で立法権を有するわけではありませんが、常に法案の修正権を有しています。よって、この立法手続きで採択されるEU法は、必ず、欧州議会で検討され、採択されることになります。したがって、EU法は民主主義に基づき必ず票決に付されているのです。

　第2に、75パーセントの確率で、理事会と欧州議会は第1読会で合意に至っています。

　第3として、リスボン条約で理事会の票決手続きが修正されました。これからは、EU総人口の65パーセント（5億人のうちの3億2500万人）に相当し、加盟国の55パーセント（27ヵ国中15ヵ国）が法案あるいは修正案に賛成の場合、理事会で承認されたものとみなされます。

2. 欧州議会の立法権限の拡大

　欧州議会が民主的で正当性を有する機関だと明確化するだけでは十分ではありません。また、欧州議会が 90 パーセントもの EU 法を採択すると述べても十分ではありません。決定的に重要なのは、リスボン条約によって欧州議会の関与が認められた分野の数です。これについて 2 つの事実を挙げることができます。1 つは、欧州議会が関与する分野は基本条約が改正されるたびに増えていることです。1992 年のマーストリヒト条約では 23 分野、2001 年のニース条約では 33 分野、リスボン条約では 73 分野になりました。もう 1 つは、これらの分野が EU 市民の日常生活に関わるものであることです。具体的に言えば、市民にとって重要な分野の EU 法の多くは欧州議会によって採択されるのです。法的に言えば、これらの分野では、加盟国に代わって EU が介入することを、加盟国自身が認めたことを意味しています[20]。

　ここで、欧州議会が関与する 73 の全分野を列挙することはしませんが、主な分野として次を挙げることができます。加盟国の公共サービスの組織に関する一般規則、EU の公文書へのアクセス、個人情報の保護、労働者・サービス・資本の自由移動、査証・庇護・移民といった国境管理に関する措置、加盟国間の刑事・警察協力、欧州中央銀行や安定・成長協定等の経済政策、雇用、社会政策、環境、消費者保護、EU 予算（単年度 1500 億ユーロ）等です。

　欧州議会の権限拡大には、政治的に非常に重要な意義があります。なぜなら、EU という国際組織がつくる法に真の民主的正当性があることを意味するからです。加盟国国民の代表が、実際、規則や指令といった EU 法の策定に関わっているのです。このことが重要なのは、EU 法が一般市民や企業に直接に義務を課し、かつ国内法に優越するからです。つまり、EU 法は、連邦国家の連邦法のように、国内法に強制的に課される規範なのです。EU 法の民主的正当性が高まれば、それだけ EU 法の優越も受け入れられることになるのです。他方で、民主的統制の観点からいえば、EU の選挙民は、欧州議会議員の再選

---

20) Blumann 教授の指摘を参照のこと。Blumann, *Droit institutionnel de l'Union européenne*, préc., p. 346 et s.

を阻むことができることも知るべきでしょう。また、現在、欧州議会には7つの会派があり、この議会が政治的多元主義に基づくことを示しています。

　欧州議会は立法権を有するだけでないことも付け加えるべきでしょう。欧州議会は、調査委員会によって理事会を統制し、他方、欧州委員会に対しては、欧州委員会委員長の選出権、欧州委員会委員の承認手続き、総辞職動議による責任追及によって統制します。

　EUにおける代表民主主義は、ストラスブール（フランス）にある欧州議会にとどまるわけではありません。現在、それは加盟国の議会にまで広がっており、加盟各国の議会がEUの通常の運営に関わっているのです。

B　加盟国議会の関与

　現在、加盟国議会には新たな権限が付与されており、その権限によって、EU法（EUが採択する規則や指令）の策定に関わることができます（1）。これによりEUの民主性は包括的に強化されましたが、他方で、このように加盟国議会がEUの制度に組み込まれたことは、EUの政治制度の性質そのものの再考にもつながっています[21]（2）。

1．新しい参加権限

　加盟国議会には次の権限が付与されています。

＊情報アクセス権：単年度立法計画や立法案等、特定のEU文書は、加盟国議会への送付が義務付けられています。この他、加盟国議会には、自由・安全・正義の領域において特定の情報を得る権利があり、この分野における政策の実施に関わっています。また、ユーロジャストの活動評価やユーロポールの活動の監督にも関わっています。他方、EUへの加盟申請についても加盟国議会に情報が提供されます。

---

21)　次を参照のこと。J.-M. Blanquet, *Droit général de l'Union*, préc., p. 188. D. Blanc, *Les parlements européen et français face à la fonction législative communautaire : Aspects du déficit démocratique*, Paris, L'Harmattan, 2004.

＊異議申立権：通常立法手続きにおいて、EU の行為が、補完性原則［訳註：EU の排他的権限に属さない分野では、加盟国が実施するのでは EU の政策目的が十分に達成されず、規模または効果の面で加盟国が実施するより EU が実施する方がよりよい成果が得られる場合に限り、EU が措置をとるという原則］によって認められる権限範囲を超えていると加盟国議会が考える場合、これらの議会に異議を申し立てる権利をリスボン条約は付与しました。つまり、全加盟国の議会の 3 分の 1 が、補完性原則が守られておらず、EU が権限を踰越していると考える場合、これらの議会は法案の再検討を要請することができます。この場合、欧州委員会は法案を取り下げるか、修正するか、理由を付して法案を維持することになります（イエローカード）。加盟国議会の過半数により法案に異議が付されたにもかかわらず欧州委員会が法案の維持を決定した場合、最終的に、理事会と欧州議会がその法案の立法手続きを継続するか否かを決定します（オレンジカード）。

　加盟国議会は、さらに、家族法のいくつかの点に関わり、かつ、越境的な影響を及ぼす EU の決定に反対する権限ももっています。反対が付された決定は、全ての加盟国議会が同意しない限り通常立法手続きで採択されません。

＊提訴権：加盟国の 1 議会だけでも、補完性原則に反すると考えられる EU の立法行為について欧州司法裁判所に異議を申し立てることができます（レッドカード）。

＊基本条約の改正に関する権限：リスボン条約では、基本条約の改正手続きに加盟国議会が十分関与するように定められています。通常の改正手続きでは、加盟国議会の代表が基本条約改正案を検討する諮問会議に参加します。

　簡略な改正手続きでは諮問会議の招集は必要ありません。しかし、改正による新たな規定が発効するには、各国の憲法規定に則った議会の承認が必要とされています。このように、事実上、加盟国議会は基本条約の改正に関わっているのです。

　架橋条項［訳註：既定の立法手続きや議決方法を別の手続きや方法へ変更するための橋渡しをする手続きを定める条項。ここでは EU 条約 48 条 7 項をさ

す〕で定められている特別な立法手続きから通常立法手続きへの変更、あるいは全会一致から特定多数決への変更は、全ての加盟国議会の承認がなければ決定されません。1議会でも反対があればその修正は成立しません。

＊その他の参加権：加盟国議会の議員と欧州議会議員は、1989年から毎年2回、EU問題連絡協議会に参集してきました。この協議会は、適切と思われるすべての提案をEU諸機関に提出することができます。この提案の元となる法案は、各国の政府代表が、法案の性質を考慮して、合意によりこの協議会への送付を決定します。

2．今後も存続することになる運用方法

　加盟国議会がEUの制度に関与することは必要だと考えられていました。これにはまず、EUの最高意思決定機関が理事会であること、すなわち諸国の行政権を代表する機関であることを理解しなければなりません。つまり、EU法を採択するのは、国家元首・政府の長や閣僚なのです。このように、行政権がEUの意思を決定する状況は支持できるものだったのでしょうか。いいえ、EU法が市民に義務を課す法であること、そして、EU法をつくる行政権は市民の代表とはみなされないことから、この状況は支持できないものでした。しかし、現在のEUでは、代表民主主義の原則に基づき、欧州議会と加盟国の議会が行政権と協力してEU法を策定することになりました。また、EUの意思決定過程に大きく関与することになった加盟国議会は、自国政府がEUレベルでとる行動について政治責任を追及しやすくなるでしょう。このようにして、民主的統制は強化されていくのです。

　しかし、別の観点として、加盟国議会がEUの制度枠組みに登場したことが、概念的に大きな影響を与えることにも留意すべきです。リスボン条約は、事実上、EUの特徴をなす新たな形態の議会制度の基礎を確立したと考えられているのです。

　つまりこれは超国家的な議会制度であり、ここでは、集団としての決定や議決が複数の議会を介して行われます。しかし、EU加盟国は主権国家なので、

このような参加型議会制度は、アメリカやドイツのとる連邦制とは異なります。つまり、私たちは、全く特殊な意思決定モデルを目の当たりにしているのです。

結　　論

　しかし、勘違いしてはいけません。リスボン条約の定めるこの議会間制度の影響がフランスで評価できるようになるには数十年かかるでしょう。フランス議会には主権主義的な文化があること、EUの問題に対し議会の内部構造があまり適応できていないこと、国会議員の能力不足（EUレベルの政策を受け入れる世代の議員とそうでない世代の議員がいること）、これらの問題が、議会間制度の定着を阻む困難な障害になると私は感じています。ともかく、この議会間モデルがいずれは適用されることになるので、現在のところ、それをうまく活用するしかないでしょう。

参 考 文 献

BLUMANN, Claude, *Droit institutionnel de l'Union européenne*, Litec, 2016.

COMMISSION EUROPEENNE, *L'ABC du droit de l'Union européenne*, Éd. 2010, Luxembourg, Office des publications de l'Union européenne, 2010, p. 139.

LECLERC, Stéphane, *L'essentiel du droit des institutions de l'Union européenne*, Paris : Gualino, 2015.

ZARKA, Jean-Claude, *Traités européens : les points clés des traités qui ont rythmé l'histoire de la construction de l'Union européenne*, Issy-les-Moulineaux : Gualino, 2015.

第3章
欧州連合とブレグジット：
今後の見通しは？

L'Union européenne et le Brexit :
Quelles perspectives pour l'Union européenne?

はじめに

　私は、ちょうど1年前の今日、中央大学で欧州の危機について講義しました。そのときには、欧州連合（EU）から離脱するという英国の決定はまだ行われていませんでした。今ではそれは皆の知るところとなりました。英国のEU離脱（ブレグジット）がどのような影響を及ぼすかという問題は、すべての欧州人だけでなく世界の他の人々にとっても、とても重要な関心事になっています。

　私はこの講義のなかで、ブレグジットをいくつかの観点から示すことにしましょう。まず、EUに関するいくつかの要素を説明します（Ⅰ）。次いで、EUにおける英国とその特別な地位について紹介します（Ⅱ）。第3に、ブレグジットの手続について解説します（Ⅲ）。最後に、ブレグジットがEUにとっておよび英国にとってどのような結果を生じさせるのかについて述べます。

Ⅰ．EU：今までになかった形の連邦主義

　EUは28の加盟国から構成されています。総人口は5億1千万人です。農業、サービス、運輸などの分野でEUは世界第1位の経済力を有しています。EUは1957年にローマ条約により創設された欧州経済共同体（EEC）を継承

したものです。今年はEEC創設60周年にあたります。EUという言葉は、1992年のマーストリヒト条約にはじめて現れました。現在のEUを規律する条約は、2009年に発効したリスボン条約です。

　法的には、EUは統合の政府間組織です。それは世界でもユニークなきわめて特殊な組織であり、他の国際組織、たとえば国連、世界貿易機関（WTO）、東南アジア諸国連合（ASEAN）などとはまったく異なります。学説上、EUは「経済的・政治的・社会的統合の連邦型の先進形態」と評価されています。EUは主権国家の連邦体です。しかしながらEUはアメリカ合衆国のような連邦国家ではありません。

　EU基本条約は加盟国を厳格に拘束します。その結果、EUの諸機関は固有で重要な決定権をもっており、これらの機関が採択したEU法もまた、強い拘束力を有しています。

　そのような決定権を有する諸機関として、欧州議会、理事会、欧州委員会があります。欧州議会は、直接・普通選挙で選出される751人の議員から構成されます。理事会は、28の加盟国の大臣から構成されます。欧州委員会は発議・執行・監督機関であり、加盟国から独立した28人の委員により構成されます。

　EU法（規則、指令……）は加盟国に課され、各国憲法を含めた国内法に優位する効力をもちます。EU法は、30ほどの欧州政策（自由移動、競争、農業政策、社会政策……）を実施しています。これらの多くの分野にEUが介入できるのは、加盟国がこれらの分野における国家権限をEUに委譲することを決めたからです。その点でEUは連邦制度に似ていますが、EU自体は主権を有しておらず、加盟国は主権を維持し続けています。ただ、そのような加盟国の主権は、いくつかの分野においては枠づけられ、大いに制限されています。

II．英国とEU：特殊な地位を占める加盟国

　英国は議会君主制の国です。人口は6500万人。ドイツ（8200万人）、フランス（6700万人）、イタリア（6100万人）と並ぶEUの大国です。英国は

1973 年に EU に加盟しました。英国は超リベラルな伝統をもち、加盟国間の活発な競争を支持してきました。

 1975 年、労働党政権の下で EEC 離脱をめぐる国民投票が行われました。このときは、投票者の 65 パーセントが反対票を投じたため、離脱は実現しませんでした。1980 年代以来、英国は EEC、EU のなかで次第に例外的地位を獲得しました。それは、定められた予算分担額を額面どおりには支払わない、ユーロ圏に入らない、国境管理のない人の自由移動を拒否する、欧州基本憲章のいくつかの分野を自国に適用しない、EU 共通社会政策・農業政策を支持しない、などの行動にみてとることができます。つまり、英国はここ 20 年以上にわたり、例外的で、特殊で、他の加盟国とは異なる地位を占めてきたのです。

 2015 年、事態は複雑になり、加速しました。デヴィッド・キャメロン英国首相（当時）は、第 2 次政権樹立のさいに保守党の承認を得ましたが、政権維持のためには欧州懐疑派（EU 反対論者）の支持をとりつける必要がありました。そのため彼は、懐疑派の要求に応じて、英国の EU 残留・離脱を問う国民投票を行うことを約束したのです。

 2015 年〜16 年にかけて、英国では離脱派と残留派が激しく対立しました。キャメロンは残留派に属していました。マスコミは反 EU の論調を大々的に展開しました。そこにはいくつかの虚偽情報も含まれていました。英国世論は、都市に住む大卒者（残留派）と地方に住む非大卒者（離脱派）との間で分裂しました。2016 年 6 月 26 日に行われた国民投票において、離脱派が 51.9 パーセントの票を獲得し、この結果、英国市民は民主的に EU 離脱を決定したのです。

Ⅲ．英国の EU 離脱の法制度

 EU 離脱の法制度を定めているのが EU 条約 50 条です。それは次のような規定です。
「1．すべての加盟国は、憲法手続にしたがい EU 離脱を決定できる。

2．そのように決定した加盟国は、その意図を欧州理事会に通告する。EUは、欧州理事会の定めた指針に沿って、かつ EU と当該加盟国の将来関係を考慮しつつ、離脱の方式を定める協定を当該加盟国と交渉し締結する。当該交渉は EU 運営条約 218 条 3 項にしたがって行われる。協定締結において理事会が EU を代表する。理事会は、欧州議会の同意を得た後に特定多数決により決定を下す。」

同条に基づき、また、2017 年 1 月 24 日の英国最高裁判決にしたがって、テリーザ・メイ首相は 2017 年 3 月 14 日、議会（庶民院、貴族院）に英国の EU 離脱を諮問し、議会はこれを承認しました。3 月 29 日、英国政府は EU 離脱の意思を欧州理事会に通告しました。同日、欧州理事会は英国離脱交渉の指針を採択しました。欧州委員会もまた、離脱交渉を枠づける指令を採択することを決定しました。法的には離脱交渉期間は 2 年です。したがって、英国離脱協定は 2019 年 3 月 29 日に発効することになります。しかし、この 2 年の EU・英国間の交渉期間には、不確定要素が多々あります。

IV．ブレグジットの不明確さ・ブレグジットの結果

A　この 2 年間に生じる不明確さ

法的には、英国は、離脱協定交渉に賛成か反対かを問うための国民投票を行うことが可能です。英国首相は、いつでも EU 離脱を完全に放棄することができます。離脱協定の中身は未確定です。離脱協定の交渉の対象にならない事項もあります。たとえば、英国は EU に 500 億ユーロを支払わなければなりません。それには、EU 加盟国としての英国に割り当てられた分担金、EU 職員の退職金、さまざまな財政上の約束が含まれています。この 500 億ユーロの支払いは交渉の対象外です。さらに、英国居住の外国人労働者 300 万人の経済的社会的権利の維持も交渉の対象外です。

英国離脱の経済的影響は未知数です。しかし、すでに多くの英国企業はその本店所在地を変更しました。フランス、ドイツ、日本、米国の企業も同様で

す。離脱後の英国の地位も未知数です。EUとの関係では、英国は第三国になるのでしょう。EU・英国の経済関係はおそらく英国に有利なものになるでしょう。しかし、英国は、商品、人、資本、サービスの分野の欧州市場に自由にアクセスできなくなり、多くの制約が英国に課されることになるでしょう。そのような経済的影響は、英国にとって重い負担になることでしょう。

B 英国のEU離脱の結果

EUにとっての英国離脱は失敗ではなく、EU統合を強化するための歴史的チャンスです。英国はこれまでEU加盟国間の税制や社会政策の調和化を阻止してきました。しかし、今後は英国離脱によりこれらの分野でEUを強化することが可能になります。ただし、それは小さな国家グループのあいだだけのものにとどまるでしょう。

マクロン・フランス大統領とメルケル・ドイツ首相は、2020年〜2022年にかけてEU基本条約を改定し、政治的・経済的にさらに統合の進んだEUを創出することを構想しています。そのような統合の進展を受け入れる加盟国は、第1サークルを構成することになります。他方、そのような統合の進展を望まない他の加盟国は、第2サークルを構成することになります。その結果、今後のEUは、これら2つの統合レベルに属する加盟国から構成されることになるでしょう。

軍事面においては、英国の離脱はEUにとって衝撃になります。というのも、英国はフランスと並んで重要な軍事力とりわけ核兵器を有しているからです。英国離脱により、フランスは軍事面ではドイツに接近せざるを得ないでしょう（フランスとドイツはかつては敵国同士でした）。同時に、英国離脱によりフランスとEUは、新たな条約に基づいて、軍事面で英国と協力していかざるを得ないでしょう。欧州安全保障についても同様です。

ところで、法的には英国離脱はすばらしいニュースです。英国のEU離脱は、新しい基本条約、新しいEU法、そして新しいEUを生じさせます。それは法律家の仕事を確実に増やすことになるでしょう。そのおかげで、私は将来また

中央大学に来て、皆さんに新たな EU、新たな基本条約や EU 法について講義する機会をもつことができるでしょう。それは素敵なことです！

参 考 文 献

BLIN O., « Did Brexit break it? En substance : le Brexit a-t-il cassé l'Union européenne? », *Recueil Dalloz*, 2016, p. 1440.

BLOM-COOPER L., « The referendum of 23 July 2016 : voting on Europe », *PL* 2017 Nov. supp., p. 2.

BLUMANN C., « Brexit : coup de tonnerre dans un ciel chargé », *La Semaine Juridique Edition Générale,* n° 41, 10 octobre 2016, doctr. 1085.

BLUMANN C., Brexit et marché intérieur, *Rev. Aff. Eur.*, 2016/4, p. 581.

BLUMANN C., « 3 questions à Claude Blumann sur les relations entre le Royaume-Uni et l'Union Européenne à l'heure du Brexit », Le Club des juristes, http://www.leclubdesjuristes.com, 31 mars 2017.

BOGDANOR V., « Brexit, the Constitution and the Alternatives », *King's Law Journal*, 2016/3, p. 314.

BOICHE A., « Brexit et European Law », *AJ Famille*, n° 9, septembre 2016, p. 355.

BOMPOINT D., « Quelles conséquences du Brexit sur les marchés financiers français? », *BJS,* 1er juill. 2017, p. 501.

BRAY R., RODRIGUES S., « L'impact du Brexit sur le fonctionnement des institutions de l'UE », *Europe,* n° 2, Février 2018, dossier 5.

BRENET B., « L'UE, une quasi-fédération à reconfigurer? », *Petites affiches*, n° 210, 20 octobre 2016, p. 7.

BUENO DE MIRANDA S. J., « Brexit, a stress test for State aid control? », *European State Aids Quarterly*, September 2016, p. 331.

BURGSTALLER M., ZAROWNA, « Possible Ramifications of the UK's EU Referendum on Intra and Extra-EU BITs », *Journal of international arbitration*, September 1, 2016, 33-Sl, p. 565.

CAILLEMER du FERRAGE A., « L'impact du Brexit sur les infrastructures de marché », *Revue de droit bancaire et financier,* 2018, n° 6, dossier 37.

CASH D., « Credit Rating Agency Regulation in the UK If and When Article 50 is Invoked : Round Holes for a Square Peg? », *E.B.L.R.* 2018, Vol. 29, issue 1, p. 59.

CASTELLARIN E., « Le sort des accords internationaux de l'Union européenne après le retrait du Royaume-Uni », *Europe,* n° 2, Février 2018, dossier 7.

CATHIARD C., « Le devenir des personnes morales européennes au prisme du

Brexit », *BJS,* 1er juill. 2017, p. 492.

CHALTIEL F., « Le Brexit, le droit et le temps », *Petites affiches*, n° 155, 4 août 2016, p. 6.

CHALTIEL F., « Les perspectives du Brexit », *Rev. UE*, décembre 2016, p. 513.

CHALTIEL F., « Ré(e)former l'Union européenne », *Rev. UE*, janvier 2017, p. 1.

CHALTIEL F., « Le Brexit, la souveraineté du peuple et le parlementarisme britannique », *Rev. UE*, mars 2017, p. 129.

CHALTIEL, « Le parlement européen et le *Brexit* », *Rev. UE*, mai 2017, p. 253.

CHIJNER D. « Brexit. Quid de la reconnaissance en France des jugements rendus par les juridictions du Royaume-Uni? », *JCP G* n 30-35, 25 juill. 2017, doctr. 876.

CHOPIN T., JAMET J-F., « Après le Brexit : redéfinir les relations entre les « deux Europe » », *Rev. UE*, n° 602, décembre 2016, p. 567.

第 2 部

基　本　権

第 1 章
欧州連合における基本権保護システム：基本権に関する単一の欧州法秩序の漸進的実現

Le système de protection des droits fondamentaux dans l'Union européenne : La réalisation progressive d'un ordre juridique européen unique des droits fondamentaux

　欧州連合（EU）は基本権の分野において大きく発展してきました。初期（1951-1957 年）の EU［訳註：当時は欧州石炭鉄鋼共同体］に基本権への考慮はほとんどありませんでしたが、欧州司法裁判所が急速に基本権の保護について判例法を発展させました。しかし、裁判による基本権の保護だけでは十分ではありませんでした。今日の EU には、大きな効力を有する EU 基本権憲章があります。また、欧州人権条約へ EU が加入する見通しもあります。この見通しから、基本権に関する統一的なヨーロッパ法秩序がつくられるのではないかと考えられています。

はじめに

➢ 基本権の定義
　基本権と人権は区別すべきものです。歴史的に、人権理論（17-18 世紀）が基本権理論（19 世紀）より先に登場したといわれています。哲学を起源とする人権理論はどちらかというとイギリスやフランスで発想されましたが、基本権思想はドイツ発祥の法理論です。
　本質的に人権とは、どのような法制度下においても、また、民族、国籍、宗教といった面にも関わりなく、全ての人間が有する普遍的で不可譲の権利を意

味する概念として理解されています。この考えから、人間はそれ自体として、社会における状況に関係なく、全ての状況下で社会や権力に対抗しうる「人間に固有の、不可譲で、神聖な」権利をもっているのです。したがって、人権の概念は、普遍性と平等に基づくその定義から、優劣に基づく制度や体制、あるいは、特定のカースト、人種、人民、信仰、階級など、何らかの社会集団や個人の「歴史的使命」に基づく制度や体制とは相いれないものです。

　他方、基本権（あるいは基本的自由）とは、法的に、個人にとって最も重要な主観的権利の総体を意味し、法の支配と民主主義に基づき保障されるものです。広義の基本権は、人権、とりわけいわゆる第一世代の人権（市民的・政治的諸権利）と部分的に重なります。

　したがって、ヨーロッパの法学者は、基本権を、個人あるいは集団の主観的権利の総体であり、人間であることを根拠として人に属し、当然に認められ、時効により消滅しない性質を有するものだと考えています。さらに、このような性質を有するために、基本権は、憲法や国際条約に定められ、もし政治権力によって侵害された場合には特別な司法的保護の対象とされるものだとも考えています。基本権は、公権力による法的不正あるいは事実上の不正に対抗しうる権利と自由を個人に保障しています。基本権は既存の公権力から個人を保護する手段なのです。

➢ 基本権に対する批判

　フランスやヨーロッパでは、基本権に対する批判は複雑で、議論したり一定の方向へ導くことがとても困難でさえあります。基本権は、国家から個人を保護する制度に関わることなので、全ての批判を超えて、本来的に「よいもの」だと考えられています[1]。基本権を批判することは、これを問い直すことに他なりません。それでも、これについて次の3つの疑問が呈されています。第1に、基本権論は、第2次世界大戦における大量殺戮の結果、その反省を受け、

---

1) この点の重要な著書として次を参照。B. Binoche, *Bentham contre les droits de l'Homme*, Puf, 2007.

新たな発展をみました。しかし、これ以前の時期に、同じような取り返しのつかない過ちが犯されなかったと言えるでしょうか。第2に、これらの権利は国際的な保護制度の対象とされていますが、これはつまり、国家が自らの対内的な権限によって基本権を保護できなかったことを意味するのでしょうか。第3に（とりわけ）、これら基本権の内容と効力を明確化するのは裁判官の役割であり、裁判官による判決は国内法や国内の伝統に、したがって人々に大きな影響をもたらします。しかし、裁判官は、基本権のような社会の価値を決めることができる正当性を有していると言えるのでしょうか[2]。

▶ 欧州審議会・欧州人権条約・EU

ヨーロッパでは1950年11月4日、欧州審議会（47ヵ国が加盟する国際機関で、経済と安全保障以外の権限を有しています。）において、基本権保護に関する最初の国際文書が採択されました。これが、「人権および基本的自由の保護のためのヨーロッパ条約」（以下、欧州人権条約）です。欧州審議会の全加盟国はこれを批准しなければなりません。さらに、この条約の批准はEUに加盟するための前提条件となっています。リスボン条約は明確に欧州人権条約に言及しています。もちろん、27［訳註：講演当時はクロアチアがまだ加盟していない］のEU加盟国は全て欧州審議会の加盟国であり、かつ、この条約を批准しています。基本権の司法的保護については、ストラスブール（フランス）にある欧州人権裁判所が、国家に権利を侵害された個人からの訴えを裁定する役割を担い、国家に対し条約違反の判決を下す権限を有しています。

欧州人権条約と欧州人権裁判所の判例は多大な影響を及ぼしてきました。特に後者は、加盟国の国内法、憲法、議会および最高裁判所を含む司法において遵守されるべきヨーロッパの憲法的秩序の形成に貢献してきました。欧州人権条

---

2) P.-Y. Monjal, *The Lisbon Treaty : what about European Union after the treaty draft Constitution?* Intervention à la Faculté de droit de Kobé, mars 2010 ; « Can European Fundamental Rights be Contested? », *Kobe Law journal* vol. 60, No. 1, June 2010, *Kobe Annals of Law and Politics* (In Japanese), p. 35 et s.

約と欧州人権裁判所の判例は、我々の羅針盤であり、行政、警察権力または国内法による権利侵害から終局的に我々を保護してくれる規範なのです。国籍を問わず何人も、まず国内裁判所に提訴し、それでも基本権侵害により被った損害に対する満足や賠償を得られない場合、次に欧州人権裁判所に訴えることができます。思い切った言い方をすると、すべてはそこ、つまり欧州人権条約とその裁判所が基本権保護の出発点となっています。このことを知らなければ、基本権のことやEUによる基本権適用の問題について理解することはできないと言えるでしょう[3]。

➢ 取り上げるテーマ

EUは基本権の適用問題を回避しようとしてきたのでしょうか。基本権は、経済的権限のみを有するこの国際組織(EU)にも適用されるものなのでしょうか。その答えは否だと考えられていました。実際、基本権は経済活動には適用されません、あるいは、わずかに付随的に適用されるに過ぎません。それに、1957年のローマ条約の起草者は基本権について全く何も定めませんでした[4]。

しかし、当時は2つの相乗的な現象が想定されていませんでした。1つは、基本権論の信じがたいほどの発展です。基本権論は、全ての法分野を包含するほど、尽きることのない範囲を対象にするようになりました。もう1つは、EUの信じがたいほどの展開です。EUは、単なる地域的経済組織から、今日でははるかにそれ以上の問題を扱う真に包括的な政治構想になりました。このような現象から当然に、EU法秩序においても基本権が適用されざるを得なくなりました。問題はそれが「どのように」なされるかです。

この問いに私は次のように答えようと思います。基本権はまず、裁判官のおかげで「裏口から」とても遠慮がちにEUに導入され、基本権の保護はEUに

---

3) 欧州人権条約に関して次を参照。F. Sudre, *Que sais-je*, Puf, 2010.
4) 1番目のアプローチについて次を参照。Cl. Blumann, *Droit institutionnel*, Litec, 2012.

課されるようになりました（Ⅰ）。今では、2000年に定められたEU基本権憲章（以下、憲章）により、基本権はEUで確立されています。リスボン条約はこの憲章に法的拘束力を付与しました（Ⅱ）。EUそのものに対しこの憲章は大きな効力をもっています。この点で、この憲章はEU固有の特徴を明らかにしています。しかし、この憲章はまた、ヨーロッパ全体を包括するような基本権保護システムを示唆する文書でもあるのです。これから述べるように、このような包括的なシステムが発展しようとしています。この発展によって基本権保護システムの性質が変化することになるでしょう。

Ⅰ．欧州司法裁判所による基本権の導入：EU市民の基本権保護プロセスの第1段階

　基本権概念は、結局、とても意外な――しかし、論理的で予想可能な――方法でEUへ導入されました。この基本権概念の導入は、とりわけ、加盟国に対するEUの正当性の確立に寄与することになりました。実際、欧州人権条約の基本権がEUの裁判官によってそのままEUへ移入されました（A）。そして、今日では基本権導入の正当性とその効果がしっかりと確立されています（B）。

A　EUへ基本権を導入する手法

　欧州人権条約に挙げられ、かつ、EU諸機関による侵害行為から個人を保護する、そのような基本権は、相互に補完的な2つの方法でEUの法制度に導入されました。

1．法の一般原則を介した導入

　法の一般原則とは、一般的な効力を有する法規則であり、公には次の3要件を充たすものをいいます。すなわち、①明文の根拠がなくても適用される、②裁判官によって導出される、③裁判官が創り出すのではなく、その時々の法や社会の状況から裁判官が「見出す」もの、であることです。これらの要件

からもわかるように、裁判官は、法の一般原則に関して重要な規範的役割を担っています。基本権は、裁判所によって法の一般原則を介して EU に導入されましたが、その過程は次のように 3 つに区分されます。

拒否の時期

　最初は、EU 諸機関の行動を統制する手段として法の一般原則を用いることが認められませんでした（1959 年 2 月 4 日 Stork 判決, Affaire 1/58, EU:C:1959:4）。

法の一般原則と基本権の関連が認められた時期

　次に、法の一般原則と基本権を関連づけることにより、基本権が欧州委員会の行動を統制する手段として認められるようになりました。1969 年 11 月 12 日 Stauder 判決（Affaire 29/69, EU:C:1969:57）の第 7 段には次のように述べられています。「係争の対象である規定（欧州委員会規則）は、裁判所が尊重を確保すべきである共同体法の一般原則に含まれる人間の基本権を侵害しうるいかなる要素も示してはいないと解される」。

法の一般原則と基本権の関連が確立された時期

　この時期、1970 年 12 月 17 日の Handelsgeslschaft 事件（Affaire 11/70, EU:C:1970:114）において司法裁判所は次のように述べています。「基本権の尊重は、裁判所がその尊重を確保すべき法の一般原則の不可分な一部をなす。これらの権利の保護は、加盟国に共通する憲法的伝統から発想されるものであり、EC の諸目的およびその制度において保障されなければならない。よって、ドイツ行政裁判所が表明した疑義に照らし、申し立てられた欧州委員会規則により設置された制度が、EC 法秩序においてその尊重が保障されなければならない基本的な性質の諸権利を侵害したかどうかを検討しなければならない」。

2．欧州人権条約の直接参照による導入

　上に述べたように、70年代から欧州司法裁判所は法の一般原則を参照し、EU［訳註：当時はEC］の法制度に基本権を導入するようになりました。それは、基本条約が、直接的にも間接的にも基本権に全く触れていなかったからです。そのため、裁判所は、法の一般原則という中継を使って、超法規的規範と解されている基本権を引出したのです。すでに述べたように、裁判官には、法の一般原則を導き出す法創造的な権限があります。よって、裁判所は、自らが導出することのできる法の一般原則を介して、自由に、欧州人権条約に定められている基本権を確立することができました。つまり、法の一般原則は欧州人権条約を適用するための手段とされたのです。

　しかし、次に、裁判所は1974年5月14日のFirma Nold判決（Affaire 4/73, EU:C:1974:51）で、初めて明示的に国際人権保護文書（欧州人権条約）を参照しました。裁判所はこの判決で、EU（EC）にはEU（EC）市民に基本権を保障する義務があることを再確認し、次のように判示しました。「裁判所は、加盟国に共通する憲法的伝統が示唆するものに拘束される。よって、裁判所は、諸国の憲法……および諸国を拘束する条約的法源（欧州人権条約）において認められ、保障される基本権と相いれない措置を許すことはできない」。

　70年代から80年代にかけて裁判所は、法の一般原則を介する方法と欧州人権条約を参照する方法、この両方をランダムに用いていました。しかし、80年代終わりから90年代に、裁判所は、法の一般原則を介することなく、直接、欧州人権条約に依拠するようになりました（1989年7月13日Wachauf判決, Affaire 5/88, EU:C:1989:321;1991年6月18日ERT判決, Affaire C-260/89, EU:C:1991:254）。90年代終わりから2000年代にかけては、欧州人権条約を直接に参照する（1998年12月17日Baustahlgewebe判決, Affaire C-185/95 P, EU:C:1998:608;2004年10月14日Omega判決, Affaire C-36/02, EU:C:2004:614）だけでなく、裁判所自身の判例も参照するようになりました（1989年9月21日Hoescht判決, Affaires jointes 46/87 et 227/88, EU:C:1989:337）[5]。

　このようにして、裁判所は、所有権、刑罰規定の不遡及、性別に基づく差別

の禁止、防御権、公正な裁判を受ける権利、人の尊厳の保護、私生活および家族生活の尊重、効率的な救済を求める権利、経済活動の自由を確立してきました。

B　基本権導入の正当性とその効力

なぜEUへ基本権を組み込むことが望ましいのでしょうか。これには、裁判所により考慮された2つの大きな理由があるのです。

　1．EU法の優越に基づく根拠

　EU法の重要な原則の1つにEU法優越の原則（1964年7月15日Costa判決, Affaire 6/64, EU:C:1964:66）があります。つまり、EU法に反するすべての国内法は、憲法的な性質の法も含め、適用することができません。要するに、EU法はすべての国内法に優越するのです。欧州司法裁判所は、国内法がEU法に合致しない場合、国家にはその法を適用できないようにする義務があると述べました。このような判決の帰結に真っ先に反発したのがドイツです。ドイツの裁判所は、EU法（規則や指令）とドイツ憲法の適合性を解釈する権限は自らにあり、もしEU法がドイツの保障する基本権に反する場合、それらを適用しない権限があると示しました[6]。

　このような法的解決によると、国家がEU法を無効にすることができるので、EU法優越の原則、つまりはEU法の発想そのものを覆すことになります。また、EUの行為の適法性についてEUの裁判所が有する排他的な審査権をも害することになります。そこで、国内裁判官を「安心させる」ためにEUの裁判所がとり得た唯一の解決策が、EUの規範体系に基本権を取り入れることでした。そして、EU法が基本権を侵害することなく制定されるように、また、EU法が裁判で、基本権に照らして司法審査されるようにしたのです。このようにすると、裁判所がその審査メカニズムに基本権を導入したのですから、も

---

5)　この問題全体について次を参照。J.-M. Blanquet, *Droit général de l'Union européenne*, Sirey, 2011.

6)　J. Renucci, *Droit européen des droits de l'Homme*, LGDJ, 2010.

はや EU 法は基本権を尊重していないのではないかと疑うことはできなくなります。80 年代になってドイツは、EU の裁判所の判例が基本権の保護を保障していると認めました。

２．EU の正当性に関する根拠

　EU への基本権の導入は、個人の権利や自由を侵害しないよう EU 諸機関を枠づけることが目的でした。これらの機関が採択する行為は、基本条約だけでなく、裁判所が導き出した基本権にも反してはなりません。諸機関にはこれらの権利を守りつつ法規範を策定する義務があります。もしそうでない場合、裁判所の権限により当該行為は取り消されます。

　このような法的な側面を背景として、裁判所の基本権導入によって、EU と EU 法への正当性の付与が決定的になったことも理解されるべきでしょう。事実、EU の制度的欠陥（とりわけ欧州議会の権限が弱いこと）を理由に、長い間 EU 法に法的正当性があるとはみなされていませんでした。これに対し、裁判所は、基本権を導入することで、EU 法が——真の議会によって採択されてはいないものの——基本権を侵害するものではないことを市民に保障したのです。フランスの憲法院とコンセイユ・デタは、それぞれ 2004 年と 2007 年に、EU の裁判所が基本権の保護を保障していると公式に認めました[7]。

Ⅱ．EU 基本権憲章（2000 年）による基本権の確立： EU 市民の基本権保護プロセスの第 2 段階

　2000 年、基本権の保護に関して決定的に重要な段階に達しました。EU 加盟国が基本権憲章の制定を決定したのです。しかし、この憲章が法的に適用されるにはリスボン条約の発効を待たなければなりませんでした。この憲章が法的拘束力をもつまで時間がかかりましたが、このことは、EU 市民の権利と自由

　7）　Cl. Blumann, ouv. préc., notamment p. 723 et s.

の保護にこの憲章が貴重な貢献をしていることを損なうものではありません (A)。最も興味深いのは、今後、EU が EU 加盟国と並び欧州人権条約に加入する可能性があることです。この加入が実現すれば、ヨーロッパの基本権に関するシステム全体が再編成されることになるでしょう[8](B)。

A 遅れて付与された EU 基本権憲章の法規範性

EU の基本権憲章は、少なくとも次の3つの理由から必要とされていました。すなわち、① 基本権に関する EU の特徴を明確にするため、② EU の正当性を強化するため、③ EU と欧州人権条約との関連を断ち切ることができるから、でした。最後の点について、実際、裁判所が、EU が法的に拘束されない欧州人権条約を適用するのは少なくとも奇妙だと考えられていました。そのため、EU の基本権を明確にすることが急務となったのです。基本権憲章の内容（1）とその効力（2）について簡単に述べたいと思います。

1．EU 基本権憲章の内容

2000年、EU は基本権の問題を明確化し、それらを単一の文書に定めようと考えました。2000年12月7日、EU の基本権憲章は、加盟国と EU 諸機関によって公式に公布されましたが、この時は法的拘束力を有していませんでした。2007年12月12日、憲章は現行の形で欧州委員会委員長、理事会議長および欧州議会議長により採択されました。この文書には次が含まれています。
＊裁判所の判例において認められたすべての権利
＊欧州人権条約において確立されたすべての権利と自由
＊その他、全加盟国に共通する憲法的伝統あるいは欧州人権条約以外の国際文書に由来する権利と原則

---

8) この点の重要な研究として次を参照。G. Braibant, *La Charte des droits fondamentaux de l'Union européenne*, Le Seuil, Paris, 2001. J. Dutheil de la Rochère, « La Charte des droits fondamentaux de l'Union européenne », *Jurisclasseur*, fasc. 160.

この憲章はとても現代的な法典であり、欧州人権条約との整合性が確保されています。また、この憲章には、情報保護、生命倫理に関する保障、行政の透明性等、いわゆる「第3世代」の基本権も含まれています。

詳細に述べると、この憲章は3つの基本軸と6つの章から構成されています。

(1) 3つの基本軸
＊市民的権利：欧州人権条約によって保障されている人権および適正手続きの権利
＊政治的権利：基本条約によって確立されたEU市民に特有の権利
＊経済的・社会的権利：1989年に採択された「労働者の社会権に関する共同体憲章」で言明された権利が再録されています。

(2) 6章＋1
この憲章では、諸権利が6つの章に分類され、第7章には憲章の適用要件が定められています。
＊尊厳：人間の尊厳、生命に対する権利、身体の不可侵性、拷問の禁止と非人道的で品位を傷つける刑罰あるいは処遇の禁止、奴隷制および強制労働の禁止
＊自由：自由および安全に対する権利、私生活と家族生活の尊重、個人情報の保護、婚姻の権利と家族をもつ権利、思想、良心および宗教の自由、表現および情報の自由、集会および結社の自由、芸術および科学の自由、教育を求める権利、職業選択の自由と就労の権利、営業の自由、財産権、庇護権、退去、追放（強制退去）および引渡しの際の保護
＊平等：法の下の平等、差別の禁止、文化、宗教および言語の多様性、男女平等、子どもの権利、高齢者の権利、障害者との共生
＊連帯：企業内で情報提供と協議を求める労働者の権利、団体交渉権と団体行動権、就職斡旋サービスを利用する権利、不当解雇の場合の保護、適正で公正な労働条件、児童労働の禁止と若年労働者の保護、家庭生活と職業生活、社会

保障と社会扶助、健康の保護、一般的経済利益事業へのアクセス、環境保護、消費者保護

＊市民権：欧州議会選挙の選挙権と被選挙権、地方議会選挙の選挙権と被選挙権、適正な行政運営を求める権利、文書アクセス権、欧州オンブズマン、請願権、移動および滞在の自由、外交的保護および領事上の保護

＊司法：実効的な法的救済と衡平な裁判を求める権利、無罪の推定、防御権、刑罰の適法性と比例性、一事不再理

2．EU 基本権憲章の効力

　リスボン条約が発効するまでの基本権憲章は、事実上、EU 諸機関（欧州議会、欧州委員会、理事会）を法的にではなく政治的に拘束する機構間の合意でしかありませんでした。法的な拘束力を付与する見通しで起草されたにもかかわらず、そのような効力は与えられなかったのです。しかし、とりわけ裁判所の判決[9]を介して、憲章は大きな影響力を及ぼすようになりました。

　リスボン条約の発効に伴い、基本権憲章は 24 の加盟国に対する法的拘束力を得ましたが、イギリスとポーランドは憲章の適用を除外されています。この適用除外は、リスボン条約ではなく、条約の付属議定書第 30 号に定められています。この付属議定書により、EU の裁判所およびこれらの国の国内裁判所による基本権憲章の解釈が、とりわけ第 4 章の連帯に関する諸権利について制限されています。

　今後、この憲章は、EU の諸機関によって遵守されるでしょう。また、加盟国が EU 法を実施する際にもこの憲章は守られるでしょう。ある加盟国が憲章に違反している場合、欧州委員会または他の加盟国が裁判においてこの憲章を援用するでしょう。

　しかしながら、基本権に関する EU の法源はこの憲章だけではありません。リスボン条約で EU の加入が定められている欧州人権条約や加盟諸国の憲法が

---

9) Voir la décision de la CJUE du 9 janv. 2010 rendue dans l'affaire Mme *Kücükdeveci*.

果たす役割も以前と変わらず重要です。法の一般原則として確立された基本権のほとんどは基本権憲章に収められましたが、裁判所はいまでも法の一般原則として新たな基本権を導出することができるのです。

B ヨーロッパの人権保護システムが統合される可能性

1．欧州人権条約への EU の加入

リスボン条約には、EU が欧州人権条約に加入すると定められています。EU のような国際機関による訴えまたはこれに対する訴えを欧州人権裁判所の下で法的に認めるために、欧州人権裁判所の規程を修正しなければなりません（第 14 議定書）。欧州人権条約の全加盟国はこの議定書を批准するでしょう［訳注：第 14 議定書は 2010 年に発効した］。次に、EU が欧州人権条約に加入するための協定が交渉され、批准に付されることになります。これらの作業は長く複雑なものとなるでしょう。欧州人権条約の全加盟国、EU の全加盟国、さらに EU 自身もこの加入協定を批准しなければなりません。これには何年もかかるでしょう。欧州委員会はすでにいわゆる交渉指針を起草したと言われています。理事会の合意を得た後、欧州委員会はこれに従って加入交渉を行うのです[10]。

2．EU の欧州人権条約加入によって基本権保護システムが統一される効果

現在、欧州司法裁判所は、EU の基本権憲章を参照し、EU の諸行為が基本権を尊重しているかどうかを審査するようになりました。重要なことは、憲章に欧州人権条約と同様の権利がある場合、裁判所は、前者を後者と同じ意味に解釈するということです。よって、この点で、ヨーロッパの２つの裁判所による判例は統合されているのです。これらの裁判所は判例の乖離を回避しようと

---

10) G. Cohen-Jonathan, « Problématique de l'adhésion de l'Union à la CEDH », *in* Mélanges offerts à Pierre-Henri Teitgen, Pedone, 1984. この論文は、EU が欧州人権条約へ将来的に加入するという観点で書かれ、全く今日的なテーマを扱っている。

しています。

　将来を想像してみましょう。もしEUが欧州人権条約に加入した場合、EU法（規則や指令）は諸国の国内法と同様に、欧州人権裁判所において審査されるでしょう。この点について、次のような興味深い議論があります。あるEUの指令が、欧州司法裁判所により基本権憲章に照らし審査され、憲章に違反しないと判断されたと仮定しましょう。その後、ある加盟国の最高裁判所がこの指令と基本権憲章の適合性に疑義を抱き、欧州司法裁判所とは反対の結論を下したとします（他にもこのような状況は多く考えられます）。このような場合、EUが欧州人権条約に加入すれば、欧州人権裁判所に（欧州司法裁判所にとっても、加盟国にとっても、またはその他の意味においても）終局的な判断を求めることができます。したがって、このような仕組みでは、欧州人権裁判所とその裁判官が、他の裁判所が従うべき終局的な判例を生み出すことになります。つまり、加盟国の裁判所とEUの裁判所から構成され、かつ、それらの裁判作用が欧州人権裁判所によって統一される、このような包括的なヨーロッパ基本権システムが形成されることになるでしょう。この仕組みでは、欧州人権裁判所が最も重要な責任を負うことになります。基本権憲章の社会権や第3世代の人権は加盟国にとって追加的な価値がありますが、基本権憲章と欧州人権条約に共通する市民的権利や政治的権利については、結局、欧州人権裁判所が統制することになるでしょう。

結　　論

　ヨーロッパにおける人権保護システムは高度に精緻化したレベルに達しています。40年かけて、基本権は、EU、裁判所およびEU諸機関の正当性の確立に大きく貢献してきました。もはや、基本権のないEU法やEU、諸機関を考えることはできなくなりました。しかしだからといって、基本権について考え、疑問を呈し、評価し、異議を唱える……ことがなくなるわけではありません。今後数年のうちに行われるのは、ヨーロッパで最も強力な裁判所である欧州人権裁判所によって人権が統合されるということです。欧州人権条約へEUが加

入する以上、このような大きな変化が必ず生じることになるでしょう。
［訳註：EUの欧州人権条約加入のための協定案が起草されたが、欧州司法裁判所においてこの協定案と基本条約の非適合性が指摘された（2014年12月18日意見 2/13, EU:C:2014:2454）。この協定案に基づいて欧州人権条約に加入することはできないと判断された。］

参 考 文 献

ALOMAR, Bruno ; DAZIANO, Sébastien ; LAMBERT, Thomas, *Grandes questions européennes,* 3e éd. Paris, SEDES, 2013, p. 606 (Impulsion, IEP, concours administratifs).

BENOÎT-ROHMER, Florence (sous la dir.), journées d'études des 16 et 17 juin 2000, « La Charte des droits fondamentaux de l'Union européenne », *RUDH,* n° spécial, septembre 2000, vol. 12, p. 84.

BRAIBANT, Guy, *La Charte des droits fondamentaux de l'Union européenne,* coll. Points, Seuil, 2001.

GRANDGUILLOT, Dominique, *Les institutions de l'Union européenne : les points clés pour comprendre l'Union européenne : comment fonctionne l'Europe à 28?,* Éd. 2013-2014, Paris, Gualino-Lextenso éd., 2013, p. 48.

SIRITZKI, David, *Parlons Europe en 30 questions,* Paris, la Documentation française, 2012. p. 92.

第 2 章
欧州連合と国際法：テロとの戦いという問題を通して示された両システム間の関係

L'Union européenne et le droit international :
Illustration des rapports de systèmes à travers la
question de la lutte contre le terrorisme

　欧州連合（EU）は政府間組織としての地位を有し、数年前から、国際法人格とこれに付随する権限を有しています。それは、2009 年 12 月 1 日に発効したリスボン条約が、47 条において、明確にその地位を EU に付与したからです。

　EU と国際法の関係については、次のようにさまざまな点があります。

➢EU 法が国際法と異なる点
　欧州司法裁判所とは、EU 諸機関（欧州議会、欧州委員会、理事会）と 28 の加盟国に EU 法を適用する機関ですが、この裁判所が初期の段階で、EU の法制度の特徴を明らかにするよう努め、EU 法秩序を構成し、その特徴を示す次の 4 原則を確立しました。それらとは、すなわち、EU 基本条約の条項は原則、直接効果を有すること（1963 年 2 月 5 日判決, Van gend en Loos, Affaire 26/62, EU:C:1963:1）、EU 法が加盟国の国内法（憲法も含む）に優越すること（1964 年 7 月 15 日判決, Costa v. ENEL, Affaire 6/64, EU:C:1964:66）、加盟国の裁判所には国内法より EU 法を優先して適用すべき義務があること（1978 年 3 月 9 日判決, Simmenthal, Affaire 106/77, EU:C:1978:49）、EU 諸機関と加盟国は EU 基本権憲章を適用すべきこと（2010 年 11 月 9 日判決, Volker und Markus Schecke, Affaires jointes C-92/09 et C-93/09, EU:C:2010:662）です。

➢ 国際法形成と国際関係へのEUの参加

EUは政府間組織として、EUの権限分野において第三国と条約を締結します。EUは特に、通商、漁業、農業、サービス貿易、共通通商政策における知的財産権について権限を有しており、現在日本と交渉中の自由貿易協定［訳註：2018年7月署名］もEU権限に含まれます。また、共通外交・安全保障政策における権限によりEUは世界中の国々と外交関係を結んでいます。それに、例えば、アフリカに派兵する権限もあります。

➢ EUの司法作用における国際法の取り込み

おそらく法律家として最も興味深いのはこの点であり、まさにこの点についてお話したいと思います。実際、欧州司法裁判所は、取消訴訟（EU運営条約263条）において適法性審査を行う際に、条約や慣習国際法を援用することを認めています。EU法と国際法という異なる規範の関係に関して、テロとの戦いという非常にデリケートな問題においてEU法と国連憲章の相互作用が問題となった裁判を例にお話ししたいと思います。この問題の事実関係、現行法におけるEU法と国連憲章の関係、この関係についての裁判、特に欧州司法裁判所（裁判官は総勢28人ですが、大法廷は17人で構成されます）がどのように判断したかについて順にお話しします。

Ⅰ．Kadi事件の事実関係

この事件は、端的に言えば、オサマ・ビン・ラディンのテロ組織アルカーイダに関する国際社会やEUにおけるテロとの戦いの問題です。

国連加盟国は、いくつかの安保理決議に従い、ビン・ラディン、アルカーイダ、あるいはタリバンに関係する個人・団体が直接または間接に管理する金融資産を凍結することになりました。

これらの決議をEUで実施するため、EUでは規則という形式で決定がなされ、その付属書に掲載された個人・団体の資産凍結が加盟国に義務付けられま

した。その付属書には、サウジアラビア居住者のヤシーン・アブドゥラ・カディ Yassine Abdullah Kadi が、ビン・ラディンやアルカーイダの関係者として載っていました。この決定により資産凍結という被害を受けた彼は、この決定に対し異議を申し立てました。

Ⅱ. 現　行　法

A　国 連 憲 章

国連憲章 25 条には、国連加盟国は、安保理の決定を同憲章に従って受諾し、かつ履行することに同意すると定められています。

また同憲章 48 条 2 項には、国際の平和および安全を維持するための安保理の決定は、国連加盟国によって直接に、また、同加盟国が参加している適当な国際機関におけるそれらの行動によって履行されると定められています。

さらに同憲章 103 条には、国連加盟国のこの憲章に基づく義務と他のいずれかの国際協定に基づく義務とが抵触するときは、前者が優先するとあります。

B　EU 法

法学者としては、EU 法を自律的で階層化された法秩序であり、国際法とはあまり相いれないものと理解する必要があります。EU 法は、はるかに国内法に似ています。正確に言えば、（一元論ではなく）二元論的な域内法だといえます。したがって、安保理決議について言えば、国連に加盟しているのは EU ではなく国家なので、EU としては、自らこれらを受容する手続きを取らなければ、EU に決議の効力は及びません。

安保理決議を EU の法制度に受容し、取り込む手続きは基本条約に定められています。この決議の場合、次の 2 段階の措置がとられました。

まず 2001 年 12 月 27 日に、テロとの戦いのための具体的な措置の適用に関して、共通外交・安全保障政策における共通の立場が採択されました。これは、EU が安保理決議を受容し、拘束力のある一方的措置をとるための政治的

行為にあたります。

次に、EUの理事会により、テロとの戦いにおいて一定の個人・団体に対する具体的な制限措置を採択し、実施する規則（規則467/2001（2001年）、次いで規則881/2002（2002年））が採択されました。これが、カディ氏の財産を凍結することになりました。規則とは法律に相当し、EU28ヵ国にその遵守が義務付けられます。

この規則に対し、EUの裁判所へ訴えが提起されました。

Ⅲ．EU法と国連憲章の関係についての裁判

ドイツ、フランス、EUに共通する行政法の原則として、法的行為が名宛人の利益を侵害し、かつ、名宛人に原告適格があるのなら、その行為について名宛人は裁判所に異議を申し立てることができます。このような事例に該当するカディ事件には次の4つの段階がありました。

A　第一審裁判所への付託

まず、カディ氏は、聴聞権、財産権の尊重を求める権利、比例性原則、実効的な司法審査を受ける権利を侵害されたという理由で、（自然人と法人について管轄権を有する）第一審裁判所に規則に対する取消訴訟を提起しました。しかし当該裁判所は、2005年9月21日、判決で訴えを棄却します（Affaire T-315/01, EU:T:2005:332）。裁判所は、EU［訳註：当時はEC］諸機関には安保理決議の制裁実施について裁量の余地がないこと、そして、本件は国連憲章から派生する国際法秩序とEU法秩序の関係の問題であることを理由に、安保理決議を実施する当該規則の適法性を審査することができないと判断したのです。

B　欧州司法裁判所への上訴

次にカディ氏は、この件を欧州司法裁判所へ上訴し、この裁判所の大法廷（17人で構成）は2008年9月3日に判決を下しました（Affaires jointes C-402/

05 P et C-415/05 P, EU:C:2008:461)。大法廷は、EU（EC）法秩序を尊重する典型的な方法をとりました。この裁判所は、EU（EC）法を閉じられた法秩序だと考え、これに外部の規範——国連の規範も含む——を取り込むことできるのは、EU（EC）法のみに照らし、裁判所の定める諸要件においてのみであると考えました。このような考えにより、大法廷は、対象となった規則と第一審裁判所の判決を破棄しました。具体的に言えば大法廷は、国際協定から生じる義務であっても、EU（EC）の基本原則、中でもEU（EC）のすべての行為における基本権の尊重という原則を侵害する効果を及ぼすことはできないと判断しました。基本権の尊重は、基本条約が定める訴訟制度において、裁判所の審査対象となるEU（EC）の行為が適法であるための要件となっているからです。

上訴審の本案において裁判所は、EU（EC）の行為が安保理決議の実施を目的とする場合も含め、EU（EC）のすべての行為の基本権に対する適法性については、EU（EC）の裁判権が原則として完全な審査権を有していなければならないと判断しました。したがって、第一審裁判所の分析は、法的に誤りだと判断しました。そして、欧州司法裁判所は、カディ氏が第一審裁判所に提起した訴訟［原審］について判断を下すにあたり、裁判所による審査の実効性は、EU（EC）の権限当局が関係者に当該付属書への掲載が決定された理由を通知し、この点について該当者の意見を聴取する手段を提供することを前提とすると述べました（防御権を保障する1つの手段としての情報請求権という原則）。

C　取消訴訟判決の法的（制度的）効果

以上から容易にわかるのは、EU（EC）の裁判所は、規則を介して間接的にではありますが、躊躇いなく安保理決議を審査するということです。裁判所は、国連憲章から派生した国際法、つまり安保理決議でも自らが裁判できると認めているのです。事実、EU（EC）規則は安保理決議の内容を示したもので、具体的にそれぞれの中身を見ても、この規則は決議の外見を変えたに過ぎないものだと認めなければなりません。裁判所はこれらの規則を審査することで、事実上、本件原告のために安保理決議そのものを審査したのです。カディ氏に

関する限りで取り消されたこの規則の効果は、裁判で認められた侵害を理事会が修正できるよう、最大3カ月間維持されました。

その後次のようなことが起こりました。

2008年10月21日：国連とその制裁委員会のさまざまな制裁の対象となるべき個人・団体の要約一覧にカディ氏が再び掲載されました（安保理決議1822（2008年）第2パラグラフを参照してください）。

2008年10月22日：EUのフランス常駐代表部は、カディ氏が規則881/2002の付属書Ⅰの一覧に再び掲載されることとその理由を通知する説明文を欧州委員会に送付し、同日、欧州委員会が同じ内容の説明文をカディ氏に送付しました。

2008年11月10日：カディ氏が欧州委員会へ自らの見解を送付しました。その中で彼は、スイス、トルコおよびアルバニアの各国当局がテロ組織支援あるいは金融犯罪の嫌疑で始めた捜査を中止したことを証明する文書に基づき、彼に不利な証拠に対し意見聴取の機会があるたびに、彼は、嫌疑が正当でないことを証明することができたと主張しました。

2008年11月28日：欧州委員会が規則を採択しました。そこには、国連の制裁委員会が作成し、資産凍結を適用すべき個人・団体を列挙した一覧にカディ氏も……掲載されていました……。欧州委員会は、2008年11月10日の書簡でカディ氏が表明した見解を慎重に検討しましたが、資産凍結政策の予防的性質に鑑み、カディ氏を対象者とすることは、彼とテロ組織アルカーイダとの関係から正当化されると判断しました。

D　欧州委員会規則に対する第一審裁判所への訴え

2009年2月26日、カディ氏は、2008年11月28日に採択された規則の彼に関する部分について取り消しを求める訴訟を提起しました。この件について第一審裁判所は次のように述べました（2010年9月30日判決, Affaire T-85/09, EU:T:2010:418）。

「彼の財産を凍結する措置は、その一般的な効力と継続性から、財産権の大

幅な制限に相当する。それにもかかわらず、カディ氏がこの件について権限当局へ陳述することが認められないまま、当該規則は採択された。そのような措置を課すことは財産権の不当な制限であり、したがって、財産権の尊重という基本権が規則により侵害されたことは比例性原則に違反するというカディ氏の訴えには、根拠がある。よって、第一審裁判所は、カディ氏に関する限りにおいて当該規則を取り消す」。

E 第一審裁判所判決に対する上訴審（Kadi（II）事件）

　欧州委員会、理事会、フランスおよび英国は第一審裁判所判決の取消しを求め、欧州司法裁判所へ上訴しました。他方、カディ氏はこの上訴審請求の破棄を求めました。欧州司法裁判所は、原告の訴えを認め、上訴審請求を斥けました（2013年7月18日判決, Affaires jointes C-584/10 P, C-593/10 P et C-595/10 P, EU:C:2013:518）。具体的に言えば、欧州司法裁判所は、第一審裁判所と同様に、欧州委員会規則はカディ氏の基本権を侵害するが故に違法であると判断したのです。

結　　論

　法的な観点から言えば、本件で裁判所は、次のように、ある点を確認し、また、重要な点を明確にしました。つまり、国際法上の制限措置を取り込むEUの行為について特別な扱いをしないと確認しました。

　国際法上の制限措置を取り込むEUの行為に関する欧州司法裁判所の司法審査の厳格性について重要な点を明確にしました。

　本件で欧州司法裁判所は、規範階層について非常に特殊な考えを示しました。裁判所は、国際法における通常の階層的規範を否定しました。そして、EU自身は加盟しておらず、諸国の合意と意思に基づき続ける国際組織から派生した法的行為についても、自らがその適法性を裁定する裁判官だと認めたのです。そして、裁判所は、EUの法制度から考えて、EUの基本条約と諸原則こそが国際規範階層の頂点にあると思わせるかのように、臆することなく通常

の規範階層を覆したのです。

　このような純粋に規範的なアプローチ以上に、本判決の射程は曖昧——あるいは複雑——です。欧州司法裁判所は2つの考えを示しているように思われます。第1に、基本権の尊重という普遍的でイデオロギー的な立場に明確に依拠し、EU法秩序においてはもちろんのこと国際法秩序においても、基本権の優位を最大限に示そうとしていることです。このために裁判所は、EU法秩序において欧州人権条約や、さらには2009年から適用可能となった2000年採択の欧州基本権憲章を適用します。裁判所にとって、このような立場は、ヨーロッパではイデオロギーの観点から誰とも対立するものではありません。なぜなら、いかなる国際規範であろうと、さらには国際機関から生じた人の権利を制限する法的行為であっても、基本権を蔑ろにできないこと、蔑ろにすべきでないことは正しいからです。

　第2は、第1の点ともつながっていますが、非常に政治的なものです。裁判所は、EUに有利な形で規範階層を覆し、基本権保護を考慮した厳格な法的検討を行いました。これにより裁判所は、EUがアメリカとは違うということを主張しているのです。テロとの戦いに関しても、我々ヨーロッパ人は、アメリカのやり方と違って、基本権と〈戦う〉ことを認めることはできません。基本権と〈戦う〉のではなく、テロのように複雑な状況においても、基本権を保護し、適用するために、あらゆることが行われなければならないのです。EUにとって重要なのは、基本権のような我々の根本的価値です。EU加盟国にとって重要なことは、自らがこれらの価値を共有する共同体の一員だと自覚することであり、EUが国連とは異なることを認識することなのです。つまり、ヨーロッパが民主的であること、そして、EUが確立した権利や価値を共有する連合の一員であることは、非難されないこと、まさにテロリスト（容疑者の場合も含め）がするような法にもとる行動をとらないことを意味するのです。

参考文献

« Le droit européen de l'Espace de liberté, de sécurité et de justice, un 28ème droit ? »

et « L'Europe sans juge? L'exemple de l'Espace de liberté, de sécurité et de justice », Ateliers européens des jeunes chercheurs, *Revue Lamy droit des affaires*, mars 2011, pp. 58-66 et pp. 67-78.

ASP, Petter, « Mutual Recognition and the Development of Criminal Law Cooperation within the EU », *in* STRANDBQKKEN, Asbjøorn and HUSABØ, Erling Johannes (éd.), *Harmonization of Criminal Law in Europe*, Antwerpen-Groningen-Oxford, 2005, pp. 23-40.

BERGÉ, Jean-Sylvestre, « Le droit à un procès équitable au sens de la coopération judiciaire en matière civile et pénale : l'hypothèse d'un rapport de mise en œuvre », *in* C. PICHERAL (dir.), *Le droit à un procès équitable au sens du droit de l'Union européenne*, Anthemis-Nemesis, Bruxelles, collection Droit et Justice, 2012, pp. 249-277.

BERNARD, Elsa, « La nouvelle procédure préjudicielle d'urgence applicable aux renvois relatifs à l'Espace de liberté, de sécurité et de justice », *Europe*, mai 2008, pp. 5-8.

BEYER, Cornelia, « The European Union as a Security Policy Actor : The Case of Counterterrorism », *European Foreign Affairs Review*, 2008, n° 3, pp. 293-315.

BILLET, Carole, « Cohérence et différenciation(s) dans le cadre de l'Espace de liberté, de sécurité et de justice », *RMCUE*, 2008, pp. 680-684.

BLUMANN, Claude, « Une brèche dans la Communauté de droit. La réserve d'ordre public de l'article 68 §2 nouveau du traité CE », *in Au carrefour des droits. Mélanges en l'honneur de Louis DUBOUIS*, Dalloz, Paris, 2002, pp. 13-25.

BONICHOT, Jean-Claude,

―――― « La Cour de justice des Communautés européennes et la lutte contre le terrorisme : entre le marteau et l'enclume? », *in Terres du droit. Mélanges en l'honneur d'Yves JÉGOUZO*, Dalloz, Paris, 2009, pp. 3-14.

―――― « Union européenne et droit pénal : le vent du large? », *in Le dialogue des juges. Mélanges en l'honneur du Président Bruno GENEVOIS*, Dalloz, Paris, 2009, pp. 75-94.

BRIBOSIA, Hervé, « Liberté, Sécurité et Justice : l'imbroglio d'un nouvel espace », *RMUE*, 1998, pp. 27-54.

BURGORGUE-LARSEN, Laurence, « Le droit communautaire dans tous ses états ou les désordres du *in* et du *out* », *in Mélanges en hommage à Guy ISAAC. 50 ans de droit communautaire*, Presses de l'Université des sciences sociales, Toulouse, 2004, tome 1, pp. 121-136.

第3章
大衆の電子的監視を禁じた欧州連合司法裁判所判決：基本的自由の「治安維持」への勝利

L'interdiction de la surveillance électronique de
masse par le juge de l'Union européenne :
La victoire des libertés fondamentales sur « l'ordre sécuritaire »

はじめに

> 欧州連合（EU）の概要

ヨーロッパ大陸には50もの国があります。その中にはロシアやトルコも含まれますが、これらがヨーロッパといいうるのはその西部地域のみです。ヨーロッパは文化的・言語的に非常に多様であると同時に、凄惨な戦争によって何度も荒廃してきました。例えば、1800年から1815年にかけてフランスの軍事独裁政権・ナポレオン帝国による戦争がありました。1815年6月18日、ワーテルローの戦いでフランスは大敗を喫し、これが帝国の終焉をもたらしました。その他にも、1870年の普仏戦争、2回の世界大戦（第1次世界大戦1914-1918年、第2次世界大戦1939-1945年）がありました。

2回の大戦でヨーロッパ大陸は、人命の点でも（膨大な数の死者、ホロコースト）、道徳的にも（人権に反する残虐行為）、政治的にも、経済的にも完全に荒廃しました。確かに我々ヨーロッパ諸国はアメリカからマーシャルプランにより大規模な経済援助を受けましたが、それでも諸国間で組織をつくることに成功し、次にあげる2つの（政府間）国際組織が誕生しました。これらの組織は今日においても活発に活動しており、戦争の回避、諸国民の保護、経済発展、ヨーロッパの価値観の保護を目的としています。

欧州審議会は1949年に創設されました。ロシアやトルコを含む47の加盟国（約8億人）を擁しています。1996年以降、アメリカ、カナダ、メキシコ、イスラエルに並んで日本も欧州審議会のオブザーバーとなっています。欧州審議会とは、ヨーロッパに関するあらゆる課題（安全保障と経済関係は除く）について加盟国間で国際条約を作成することを目的とする政府間協力組織です（作成された条約は215に上ります）。この審議会はとりわけ1950年11月4日、欧州人権条約を採択したことで知られています。この条約については後にも触れます。

EUは1951年に創設され、28の加盟国（すべて欧州審議会の加盟国でもあります。人口約5億1千万人）を擁しています。EUを法的に明確化するのは簡単ではありませんが、いわゆる統合型の政府間組織です。単一市場を実現する目的で基本条約（現在は2009年のリスボン条約）に基づき設立されました。また、特徴としてEUには、加盟国の国民から直接普通選挙で選出される議員を擁する固有の議会が存在し、EU法（規則や指令）は諸国の憲法に優越します。さらに、EUは加盟国がEUに移譲した経済、社会、財政に関する権限を有しています。EUは形態として連邦制のように機能しています。EUは連邦国家ではありませんが、一種の連邦主義をとっているのです。

> ➤ 欧州における人権

ヨーロッパにおいて人権はとても重要です。イギリスでは1689年に、フランスでは1789年に人権宣言が作成されました。しかし、ヨーロッパ全体では1950年になってようやく14の権利からなる欧州人権条約がつくられ、条約の加盟国に遵守が義務付けられました。この条約には、生命への権利、死刑廃止、拷問の禁止、婚姻の権利、表現の自由、宗教的自由、公正な裁判を受ける権利等が定められています。国家がこれらの人権・基本権を遵守しない場合、国家は（47名の裁判官からなる）欧州人権裁判所から法律の改正、行政慣行や刑事法慣行の変更、被害者への補償を命じられます。

EUにおける基本権の保護とは、EU諸機関（欧州議会や欧州委員会等）が

人権や基本的価値に適合するように規範を採択しなければならないことを意味します。現在のEUには（54条からなる）独自の基本権憲章があります。これは2000年に採択され、2009年に法的効力を付与されました。この憲章は、欧州司法裁判所（と加盟国）において適用されています。EU法がこの憲章に反する場合、その法は廃棄されます。

したがってヨーロッパでは、各個人が、基本権を保護する2つの国際条約（欧州審議会の欧州人権条約とEUの基本権憲章）の下におかれています。欧州人権条約にEUを加盟させるためのユニークな協定案がありましたが、これは2014年12月18日、欧州司法裁判所により棄却されました。

➢EUにおける4つの危機

現在、EUは、次の4つの重大な危機に直面しています。第1は、2009年から続く経済・金融危機（ユーロ危機）です。アメリカのリーマン・ショック以降、多くの国々がこの金融危機に影響を受けています。第2に、反EU運動（EU懐疑主義）の高まりやイギリスのEU離脱の意向［訳註：2016年の国民投票により離脱が決定した］を原因とする政治的なEU分裂リスクがあります。第3は、アフリカやシリアから押し寄せる違法移民・難民の問題であり、第4はテロリズムです。日仏はともに多くの犠牲者を出したイスラム教徒によるテロの被害にあってきました。

この最後の危機についてお話ししたいと思います。もっとも、実際は法的な問題を検討します。すべてのEU加盟国がそれぞれ、テロを回避し、防止するためとして、一般大衆を監視する制度を設置し、電話の会話やメールなどの傍受を一般化しました。EUのレベルでは、同じ目的で、インターネット・プロバイダーや電気通信事業者が保存すべき個人情報を拡大する指令2006/24が採択されました。しかしそこで、このEUの措置は人権、特に私生活尊重の原則を過剰に侵害しているのではないかという疑問が生じました。

この問題について欧州司法裁判所は、テロの脅威より基本権の保護を優先させる思い切った判決を下しました。具体的には、テロの脅威のためといえど

も、個々人の人権に対する行き過ぎた侵害は正当化できないと判断したのです。私がこれからお話しするこの判決には、自由主義的個人主義というヨーロッパ大陸のイデオロギー的基礎がとても明確に示されています。

I．問題となったEU法

2006年3月15日、EUの欧州議会と理事会は、一般に使用可能な電子通信サービス（メール、インターネット）や一般的な通話ネットワーク（電話）に残された個人情報の保存に関する指令を採択しました。

欧州議会と理事会はともにEUの立法機関であり、前者は加盟国国民から選出される議員（751名）で構成され、後者は加盟国政府の閣僚（28名）で構成されています。指令とはEUの法律のことであり、第1に加盟国が履行義務を負い、指令に沿って国内法を改正する義務があります。これは、加盟国の国内法を調和する手段なのです。

本件に関わる指令は、組織犯罪やテロ等の重大犯罪の防止、調査、捜査、訴追のために個人情報の利用を可能にすることを目的としていました。正確に言えば、この指令において、インターネット・プロバイダーや電気通信事業者は通信量、位置情報、サービス利用会員やユーザーを特定するために必要な情報を保存しなければならないと定められました。指令は、通話や検索情報の内容については保存を認めていませんでしたが、実際にはそれがなされるだろうと考えられていました。

指令に従い28のEU加盟国は、プロバイダーや電気通信事業者にこの新たな義務を課す国内法を採択しました。そして、国内法によって指令を実施する段階で裁判が提起されました。

II．EU法に対する異議

2つの加盟国で新たに採択されたこの指令に対し異議が申し立てられまし

た。まず、業務上の電話について通信記録の保存を拒否した Digital Rights 社がアイルランドで訴訟を提起し、次に、オーストリアで1万1128人もの原告が同じような訴訟を起こしました。両国の最高裁判所はそれぞれ、当該指令を遵守させるに過ぎないそれぞれの国内法を取り消すことになります。

　しかし、この場合、取消の許可を求めるために両国の最高裁は、EU の司法裁判所に問題を付託しなければなりません。これを先決裁定手続と言います。本件で興味深いのは、両国の最高裁がともにこの指令が基本権に違反すると考えた点です。つまり、この指令はヨーロッパの人権に照らせば有効でない、したがって加盟国はこれを遵守することも適用することも必要ない、と考えました。最終的に欧州司法裁判所は両国の主張が正しいと認めることになりました。

Ⅲ．欧州司法裁判所の判決（2014年4月8日，Affaires jointes C-293/12 et C-594/12, EU:C:2014:238）

A　EU 基本権憲章か指令か

　欧州司法裁判所（以下、裁判所）は、EU の基本権憲章、特に私生活の尊重（7条）、個人情報の保護（8条）、表現の自由（11条）に照らして指令が有効かどうかを検討することになりました。ここで理解すべき、あるいは指摘すべきことは、基本権憲章が、欧州議会や理事会といった EU 諸機関に関わる規範的（法的）審査の手段として「永続的に」適用されることです。そのため、この指令のように採択から9年経っていても EU の諸行為に対する訴えは可能です。EU 諸機関による措置が人権を侵害している場合、そのような措置はこの憲章に照らし審査され、制限されるのです。

B　過剰な介入

　裁判所は判決で、この指令は基本権憲章に違反しているため無効であると宣言しました。法的に言えば判決で、この憲章は指令よりも規範的に優位するこ

とが示されました。判決による無効の効果として、指令の法的効果と指令により設置された制度が即時に停止されました。裁判所は次のように指摘しました。

プロバイダー等が保存を認められた情報からサービスの会員あるいはインターネットの利用者が誰とどのような手段で通信したかがわかる。

通信時間と通信の発信源が特定される。

一定の期間内にその会員あるいは利用者が特定の相手と行った通信の頻度が明らかになる。

したがって、これらの情報を総合すると、情報が保存された人の私生活、例えば、日常生活の習慣、定住地や一時的な住居、日常的な移動やそれ以外の移動、従事している活動、社会での人間関係、交流している社会集団等について非常に正確な情報を得ることが可能となります。

ゆえに、指令がこれらの情報の保存を義務付け、権限ある国の機関にその情報の入手を許可していることは、基本権に対する著しく重大な干渉であり、人権としての私生活の尊重と個人情報の保護を過剰に侵害していると裁判所は判示しました。さらに、会員や利用者が知らぬ間に自身の情報が保存され、利用されるということは、私生活が常に監視対象となっているという感情をこれらの者に抱かせる可能性があるとも述べました。

C 不当な介入

万が一の場合に権限ある国の機関に提出するためにこれらの情報を保存することは、確かに、重大犯罪対策や公共の安全といった一般利益の保護という目的に適うものです。それでも裁判所は、EUの立法機関はこの指令を採択したことで、比例性原則の尊重により求められる限度を逸脱したと示しました。

裁判所は、私生活の尊重という基本権において個人情報の保護が果たす重要な役割と、この指令がもたらすこの権利に対する干渉の広範さと重大さとを比較衡量し、EUを罰することにしました。

特に、指令の課す情報の保存が指令の追求する目的の実現に適したものとみ

なされるとしても、指令が基本権に及ぼす広範で重大な干渉は、その干渉が厳格に必要な限度に制限されていると保証できるほど十分に限定されていません。正確に言えば、この指令は事実、一般的な方法ですべての個人、すべての電子通信手段を対象とし、重大犯罪対策という目的を考慮して設けられるべきいかなる区別、制限、例外もありませんでした。

　また、収集された情報を国家機関がテロ対策以外の目的で取得できないようにする仕組みについても定めていませんでした。この判決（61段）で裁判所は次のように述べています。「本指令は、権限ある国の機関による情報の取得と利用に関し、実質的および手続的要件を定めていない。本指令4条は、国家機関による情報の取得について定めるが、情報の取得と利用が、具体的に特定された重大犯罪の予防、捜査、訴追のためだけに厳格に限定されるとは明確に定めておらず、各加盟国が必要性と比例性の要請を尊重し情報取得の手続や要件を定めると規定するにとどまっている」。本件で裁判所が主張し、本指令を無効とする根拠となったのは、指令で国家機関による情報取得をテロ等の対策のためと限定すべきであったのに、そうは定められず、国家が、必要性と比例性の要請を尊重した手続や要件を定めるだけで情報を収集できたことでした。指令が、国家機関による情報取得をテロ等の対策のためだけに限定していなかったため、指令は無効と判示されました。

結　　論

　EUの諸価値は法と原則に基づくものですが、これらは民主主義概念と政治的自由主義（自由主義的個人主義）の概念を軸として打ち立てられた非常にイデオロギー的なものです。これらの概念こそ、我々ヨーロッパが保護し主張する価値なのです。これらの価値は、2つの方法で我々を守っています。1つは、EU諸機関や国家機関から我々個人を守っています。しかしそれだけでなく、イスラム世界に政治的なメッセージを送ることで我々を守っているのです。つまり、ヨーロッパ人はイスラム原理主義を恐れない、我々は敵を攻撃したり敵から身を守るために我々の原則を覆すような特別な制度を設けない、と

いうメッセージです。このようなことも、本判決は示しているのです。我々の価値や権利は不可侵です。アメリカは 9.11 のテロの後、非常事態のような制度を敷き、国際社会から非難を浴び、人権や基本権に致命的な影響を与えましたが、我々はアメリカとは違うのです。

参 考 文 献

BASILIEN-GAINCHE, Marie-Laure, « Une prohibition européenne claire de la surveillance électronique de masse », *La Revue des droits de l'homme* [Online], Actualités Droits-Libertés, Online since 14 May 2014, connection on 27 June 2018. URL : http://journals.openedition.org/revdh/746

PERROU, Sylvie, « La Cour de justice garante du droit constitutionnel à la protection des données à caractère personnel (CJUE, *Digital right Ireland*) », *Revue trimestrielle de droit européen*, janvier-mars 2015, p. 117.

MARSDEN, R., « Google privacy law - analysis : The fact is, information doesn't want to be controlled », The Independent, 30 mai 2014, disponible sur www.independent.co.uk.

MERCKY, M., « Droit à l'oubli : Google n'exportera pas les mesures hors de l'Europe », Génération Nouvelles Technologies, 23 janvier 2015, disponible sur www.generation- nt.com.

MIRANI, L., « Is Google trying to sabotage the "right to be forgotten"? », Quartz, 3 juillet 2014, disponible sur http://qz.com.

NIOTI, C., « Droit à l'oubli : enjeux et controverses », Eyes on Europe, 5 novembre 2014, disponible sur www.eyes-on-europe.eu.

PESTON, R., « Why has Google cast me into oblivion? », BBC News, 2 juillet 2014, disponible sur www.bbc.com.

ROSEN, J., « The Web Means the End of Forgetting », The New York Times, 21 juillet 2010, disponible sur www.nytimes.com.

WOITIER, C., « Cyberharcèlement : le "Star Wars Kid" s exprime dix ans après », Le Figaro, 12 mai 2013, disponible sur www.lefigaro.fr.

第4章
宗教の自由と基本権：欧州私企業における イスラム・スカーフ着用の問題

La liberté religieuse et les droits fondamentaux :
La question du port du foulard islamique dans les
entreprises privées en Europe

Ⅰ．フランスにおける宗教と国家の関係

　ヨーロッパ人は、キリスト教による強い宗教的伝統——これは集団にとっても個人にとっても文化的基礎となっています——を有し、哲学的に合理主義と人文主義を基礎としています。我々ヨーロッパ人は、このような宗教的・哲学的土台を有しているのです。

　政教分離に関する1905年12月9日法律が制定されて以来、フランス共和国は非宗教的な国家だと言われています。この非宗教性 laïcité という概念は複雑です。これは、国家とすべての公務員による宗教的信仰の表明の禁止を意味します。国家は宗教的に中立なので、国の官吏も同じようにそうでなければなりません。公務員が信仰の象徴（キリスト教やユダヤ教の十字架、ファティマの手、イスラム・スカーフ等）を公務中に着けることは違法であり、罰せられます。非宗教性の概念はまた、個人が宗教的信仰をもつこと、それを表明し、十字架やイスラム・スカーフ（ただし、顔を覆ってしまうブルカは除きます。これは、男女平等に対する侵害だと考えられています。）等を身に着けることについて原則として法律で禁じられないことを意味します。したがって、公共の場では、すべての人々が宗教的信仰を表明し、宗教がわかるような服装をす

ることができます。しかし、2つの例外があります。1つは、(大学を除く)学校です。学校で信仰の象徴を身に着けることは絶対に禁止です。もう1つは、特定の宗教を示す象徴や服装が公的秩序を侵害する場合です。

Ⅱ．イスラム、フランス、非宗教性

　フランスにはイスラム教徒のフランス人が約600万人います。これらイスラム教徒の大部分は、フランスの旧植民地（特にアルジェリア）のアラブ人の子孫です。フランスによる植民地化は非常に暴力的で多くの人が殺されました。フランスに住むイスラム教のアラブ人たちは次のような理由でフランス社会にうまく溶け込めていません。1つは、彼／彼女らが、かつて自分たちを植民地化したフランスで生活する植民地化された人々の子孫であるため。もう1つは、キリスト教が彼らの信仰するイスラム教と文化的に大きく異なるため（習慣や価値観が大きく違います）。3つ目は、イスラム教徒が社会的・経済的に悲惨な状況に置かれているからです。彼／彼女らの多くは大都市の郊外に住み、イスラム社会をつくって暮らしています。

　この状況は度重なるイスラム原理主義者のテロによってさらに悪化し、フランス社会は、自らを正統なフランス人だと考えるキリスト教徒のフランス人と、自らを第1にイスラム教徒と考え、あまりフランス人とはみなさないイスラム教徒のフランス人に二分されています。このようにフランスの社会状況は複雑で、これが、国民戦線［訳註：2018年6月に「国民連合」へ改称］のような政党が主張する人種差別やポピュリズムの台頭をもたらしています。

　また、宗教の自由についても法が厳格化されました。例えば、イスラム・スカーフの着用禁止は、公務員だけでなく、私企業の一定の労働者にも拡大適用されることになりました。この私企業におけるイスラム・スカーフの着用禁止が、欧州司法裁判所で問題となりました。

III. 欧州司法裁判所 2017 年 3 月 14 日判決：G4S Secure Solutions 事件（Affaire C-157/15, EU:C:2017:203）

　欧州司法裁判所は、EU 法を適用する EU の裁判所です。この裁判所の判決は加盟国を拘束します。この裁判所の適用する規範として指令（EU 法の一種）や基本権憲章（全 54 条）があります。指令等の EU 法は基本権憲章と適合的でなければなりません。国内法や企業の内部規則も同じように基本権憲章と適合的でなければなりません。

　本件において裁判所は、「目に見える政治的、哲学的、宗教的な象徴の着用を禁止する企業の内部規則は直接差別にあたらない」と判示しました。

A　事実

　2006 年 4 月、イスラム教徒のアチビタ氏（女性）が、勤務時間にイスラム・スカーフを着用するつもりだと雇用者に伝えました。これに対し G4S 社の経営陣は、政治的、哲学的、宗教的な象徴の着用は、顧客との契約で当社が守るべき中立性に反するため、スカーフの着用は認められないと彼女に通告しました。

　2006 年 5 月 29 日、G4S 社の企業委員会は内部規則の修正を承認し、同年 6 月 13 日、その修正が発効しました。その修正には「職場において従業員が、政治的、哲学的、宗教的な信条の目に見える象徴を身に着けること、又はその信条に由来する慣習を行うことは禁止される」と定められていました。6 月 12 日、内部規則の修正にもかかわらずスカーフを着用しようとしたことにより、アチビタ氏は解雇されました。そこで彼女は、ベルギーの裁判所に解雇に対する異議を申し立てました。この裁判所は、私企業の内部規則によるイスラム・スカーフの着用禁止が、宗教に基づく直接差別にあたるかどうかを検討しました。この点に関しては EU 法、特に 2000 年採択の「雇用・労働分野における待遇の平等に関する指令」があり、これが本件にも適用されます。そのた

め、ベルギーの裁判所はこの問題を欧州司法裁判所へ付託しました。これを先決裁定手続と呼びます。

B　欧州司法裁判所の解決方法

　欧州司法裁判所はまず、この指令における「待遇平等の原則」とは、とりわけ宗教に基づくあらゆる直接・間接差別がないことを意味すると述べました。この指令に「宗教」の定義はありませんが、EUの立法権は指令で、欧州人権条約と加盟国に共通する憲法的伝統、さらにこの伝統を再確認したEU基本権憲章を参照していました。したがって、この指令における宗教の意味には、特定の宗教を信仰することと宗教を公に表明する個人の自由が含まれると解釈されます。

　次に裁判所は、G4S社の内部規則について、政治的、哲学的、宗教的信条の目に見える象徴を着用することについて定めているが、そこでは信条のあらゆる表明が対象となっていると確認しました。この規則は、したがって、G4S社のすべての従業員を同じように扱い、一般的に、何ら差異を設けることなく従業員に服装の中立性を課すものです。裁判所に提出された書類には、この内部規則がアチビタ氏に他の従業員とは異なる方法で適用されたとは示されていませんでした。したがって、この内部規則は、指令の意味における、宗教または信条に基づく直接的な待遇差別を定めたものではないと判断されました。

　しかし、この規則の定める一見差別的でない義務が、事実上、特定の宗教や信条をもつ人々に特別な不利益をもたらしていると証明された場合、国内裁判所が、この規則は宗教や信条に基づく間接的な待遇差別を定めていると判断することは妨げられない。このように裁判所は判示しました。しかしながら、待遇の差異に正当な目的があり、かつ、この目的の達成手段が適切で必要な場合、そのような差異は間接差別とはなりません。

　したがって、職場で政治的、哲学的、宗教的な象徴を見えるように着用することを禁じる企業の内部規則によってイスラム・スカーフの着用が禁止されることは、指令の意味における宗教や信条に基づく直接差別にあたらないと裁判

所は結論しました。ただし、このような禁止が間接差別に当たる場合があります。それは、一見したところ差別的でない内部規則の義務が、事実上、特定の宗教や信条をもつ人々に特別な不利益をもたらしていると証明された場合です。しかしながら、このような間接差別であっても、例えば、顧客との関係で企業が政治的・哲学的・宗教的中立性を追求するというような正当な理由があり、この目的を達成する手段が適切で必要な場合、客観的に正当化されることがあります。今後、ベルギーの破毀院がこれらの要件を検討することになります。

裁判所は、フランスで起きた事件においても同様の判決を下しました（Affaire C-188/15, Bougnaoui et ADDH, 2017年3月4日, EU:C:2017:204）。

結　　論

本件における裁判所の解決方法はとても均衡がとれており、次の2点を明確にしています。1つは、（宗教だけが特に対象というわけではありませんが）宗教的な象徴の着用禁止においてすべての従業員が平等に扱われることです。もう1つは、企業の掲げる正当な目的としての中立性政策の必要性が、このような禁止さらには間接差別をも正当化しうるということです。

参 考 文 献

GOMES, Barbara ; ORGERIT, Xavier ; UFARTE, Thomas, « La liberté d'expression religieuse au travail à l'épreuve des soubresauts du principe de laïcité » in Lettre « Actualités Droits-Libertés » du CREDOF, 1er mai 2013.

HERVIEU, Nicolas, « Un nouvel équilibre européen dans l'appréhension des convictions religieuses au travail » in Lettre « Actualités Droits-Libertés » du CREDOF, 24 janvier 2013.

第3部
日 欧 関 係

第 1 章
日本と欧州連合の関係：
構築されつつある大型経済連携の争点

Les relations entre l'Union européenne et le Japon :
Remarques sur les enjeux d'un grand partenariat
économique en construction

はじめに

　ヨーロッパ人と日本との関係は古くから存在し、その起源は何世紀も遡ります。これに比べて、EU と日本との関係は言うまでもなくより最近のものであり、1950 年代末、すなわち欧州大陸と日本が復興し出した時期に始まりました。しかしながら、それ以来、とりわけ 1996 年以降、EU と日本の経済関係は政治面において強化され、2012 年からは自由貿易協定という極めて重要な協定の交渉準備とともに、さらに深化しています。私の講演では、まず欧州の観点から、また、法律家という私の立場から、私たちがあなたがたの国をどのように見ているかを話し（Ⅰ）、次いで、この貿易協定を一般的文脈において示し（Ⅱ）、最後にこの協定の大筋を示すことにしましょう（Ⅲ）。

Ⅰ．欧州の法律家が見た日本

　まず、欧州人による日本の発見に関する論評を、一般的かつ手短に紹介することから始めましょう。この発見は、実際には 2 度ありました。第 1 の発見は、純粋に欧州による発見です。第 2 のそれは、米国による発見です。これは私の作業仮説ですが、欧州から見ると、日本はアジア諸国のなかでおそらくも

っとも西洋的な、欧州的な国に映ります。

A　西洋人による日本の発見

　1543年、欧州人として初めて日本に上陸したのは、ポルトガル人でした。この島国は欧州から遠く、神秘的でした。日本は1515年にその位置が突き止められ、これが1300年ごろ、マルコポーロが著した『東方見聞録』の中のジパング（中国語）だと認識されました。欧州の地球儀に最初に日本が記されたのは1492年のようです。『東方見聞録』において、ジパングは金銀が豊富な国として描かれています。ポルトガル人は日本に鉄砲を持ち込み、豊かな貿易関係を結びました。1549年、フランシスコ・ザヴィエルとスペイン人のイエズス会修道士数人が日本に上陸し、日本に最初のキリスト教宣教団を創設しました。これらの修道士は、日本を最初に踏査し、多くの手記を著しました。後に彼らは、日本へのキリスト教の布教に成功しないまま、日本を後にしました。その理由の一部は、おそらく文化的相違によるものだったのでしょう。しかしより決定的だったのは、1597年に命じられたキリスト教徒への大規模な迫害でした。それは1640年から1650年にかけて、キリスト教徒の悲劇的な最後をもたらしました。この時期に日本は鎖国政策をとり、外国人の日本領土への立ち入りが禁じられました。それは明治時代が始まる1868年まで続きました。ただし、この鎖国は相対的なものでした。オランダ人画家のヴァン・ゴッホは、彼の東洋美術期（日本美術期）に、1860年代に北斎の版画に用いられていたあの有名な「日本の青」を発見しました。この「日本の青」は、実はこのときより1世紀前に、オランダ人が日本に持ち込んだものでした。日本が欧州文化に開かれていたことが、このような思わぬ形をもたらしたのです。

　第2の発見は、米国人によるものです。1853年7月8日、マシュー・ペリー率いる米国の艦隊が江戸に到着し、日本にたいして、開国し貿易を行うよう求めました。1854年2月、米国人、フランス人、イギリス人、オランダ人、ロシア人が日本に上陸し、不意を突かれた幕府は、同年3月31日、神奈川条約に調印することを受け入れました。この条約は、世界貿易に、そして他国

に、日本を次第に開かせるものでした。

B　日本の西洋性

　日本の西洋性（欧州性）とは、奇妙なことがらです。そのようなことがらを語るさいには、私たち欧州人の文化基準だけであなたがたの国を理解・把握することにならないよう注意しなければなりません。このような考察は、私たちの文化的相違が深いものであるかぎり、何の役にも立ちません。イエズス会修道士のルイス・フロイスは、1563年に来日し、1597年に長崎で死去しました。彼は『欧州人と日本人の風俗習慣の矛盾と相違』という優れた手記を残しました。そこで彼は、欧州人からみると日本という国は欧州の国と正反対だと言っています。英国人バジル・ホール・チェンバレンは、著名な日本研究家で、1873年に来日し、東京帝国大学名誉教師になり、1890年に日本に関する事典『日本事物誌』を著しました。この事典のTの項目に、彼はTopsy-Tyurvydomという語を記し、この語の意味を「正反対の世界」と説明した後に、次のように述べています。「日本人は、欧州人が自然であると判断するやり方と文字通り反対のやり方によって、多くのことをする。」

　このような評価は、政治や法の分野に類推適用することができると思われます。欧州と同様、日本はきわめて権威主義的な天皇制を経験し、植民地政策を実施しました。これらは、結果的に、欧州人と日本人を第2次世界大戦の混沌へと陥れました。第2次世界大戦前に日本はドイツと軍事同盟を結びました。これら2国とイタリアは国際連盟から脱退しました。このような歴史は、現在の欧州において、あまり知られていません。

　法律分野ではどうでしょうか。日本の近代法は、1868年からの明治時代に生まれました。1880年代以後、最初の憲法と主要な法典が採択されました。この時期から第2次世界大戦までの日本法は、ドイツ法とフランス法の影響を大きく受けていました。1945年以後の日本法は、アメリカ立憲主義、ドイツ行政法、ドイツ商法の影響下におかれました。このように、あなたたちの法は、西洋法体系の影響を深く受けています。もちろんそれは熟考された後の選

択でした。そのようなわけで、日本はアジアの諸国のなかでごく早くからもっとも西洋的な国であったといえるでしょう。

　今日、地球規模で作用しているのはそれとはまったく別の秩序です。日本、欧州、米国の経済・政治・法の行方は、世界貿易の歴史において決定的かつ前例のないやり方で作用を及ぼしつつあります。ここでは、EU・日本関係という問題に絞ってお話しします。

II．EUと日本：56年にわたる連携関係

　EUは1951年に欧州石炭鉄鋼共同体（ECSC）として創設されました。それは現在28の加盟国の連合体です。その法的性質は複雑で、正確に定義するのは困難です。EUは統合の政府間組織です。しかし特殊で固有の性質を有しているため、EUを新しいジャンルの連邦の進化形態と捉える人もいます。EU法は各国の憲法に優位し、EUには加盟国の国民により選出される議員からなる欧州議会があり、EUは加盟国が委譲した多くの権限を有しています。この最後のことは、とりわけ国際貿易について言えます。

　EU・日本の最新の協力関係について検討する前に、EUと日本が開発協力という興味深く重要な協力をどのように行っているのかを明らかにしておきましょう。そこには強調すべき基本的共通点がみてとることができます。

A　開発協力におけるEUと日本

　EUと日本は、途上国への最大の援助提供者です。この後すぐに見る数字も、実際の活動もかなりのものであり、それらはほぼ同規模のものです。同時に、これらの数字の背後にもう1つのそれほど寛容（愛他的）とはいえない現実があり、それがこれらの援助を正当化していることを理解する必要があります。

B　EUの開発援助

　現在世界で行われている途上国援助資金の半分以上が欧州起源（EUおよび

その加盟国）のものです。EUは世界の主要な援助提供者であり、インフラ整備事業・贈与・貸与などの援助提供総額は、2014年には600億米ドル近くに達し、それはEU域内総生産の0.45％を占めています。EUは2015年にはこの0.45％を0.7％に増大させたいと考えています。なぜかというと、2015年はEUにとって「開発のための欧州年」だからです。そこでは、貧困を永続的に根絶することがEU開発政策の優先目標になっています。このような貧困の根絶は、国連ミレニアム開発目標（貧困の撲滅、繁栄の促進、環境の保護、気候変動への対処）の延長上に位置づけられます。2015年はまた、国連と国連貿易開発会議がこの計画を深化させる年でもあります。EUの開発政策は、途上国の恵まれない人々が開発を自ら行うことができるようにすることをめざしています。そのための行動には、以下のようなさまざまなものがあります。

＊人々の脆弱さの原因に取り組むこと。とりわけ人々が栄養、飲用水、教育、健康、雇用、土地、社会的サービスにアクセスできない状況に取組み、これを改善させること。

＊病気を根絶し、安く薬を購入できるようにすること。

＊途上国の債務を減少させること。

＊自立および貧困と戦う戦略を促進すること。

＊民主的プロセスを強化すること。

＊企業の成長と雇用の創設に適したより安定的な経済環境を奨励すること。

C　日本の開発援助

　日本は、経済協力開発機構（OECD）の開発援助委員会（DAC）加盟国のなかで最も重要な援助提供国の1つです。日本の援助総額は1991年から2001年まで世界第1位でした。2001年以後は、第1位と第2位の間を行ったり来たりしています。アジアは、世界経済関係において無視できない地域であると同時に、不平等と貧困が依然として深刻なものであり続けている地域ですが、このアジアにおいて日本は第1の援助提供国であり、DACの非西洋加盟国のうち日本は唯一の援助提供国です。そのような日本の開発援助には、いくつかの

興味深い点があります。

　一方で、「日本モデル」と言われる日本独特の援助は、アジアの新興国が発展・成長するための主要な要因であると考えられています。他方で、政府開発援助は、日本にとって特別の意味をもっています。それは憲法第9条が日本に課している制約を理由とするものです。日本の行動分野は、EUのそれとほとんど同一です。すなわちそれらは、貧困との戦い、持続可能な成長、気候変動との戦い、平和の維持などです。日本の開発援助政策は高度化・制度化しており、そのことが開発政策の成功を物語っています。

　開発援助は、欧州のものであれ日本のものであれ、欧州および日本という2つの地域の政治的経済的必要に応えることを目指すものでなければなりません。これらの地域の良く理解された利益に資するものでなければなりません。

　欧州の開発援助がかかわるのは、おもにアフリカです（最近はこれに東チモールが加わりましたが）。なぜアフリカなのかといえば、ガス、石油、ウランといった鉱物資源がこの地には豊富であり、そして西アフリカ全体におけるフランスのプレゼンスが非常に大きいからです。フランスにとっては、アフリカの54の国のうちの15ほどの国が元植民地です。フランス語圏という大きな集団を維持することは、広範なフランス文化圏を維持することであり、それは、フランスの重要な目標です。フランスは中国、米国、日本と競争関係にあります。日本はアフリカに獲得すべき広大な市場があることをよく理解しており、日本の途上国援助総額におけるアフリカへの援助額は、増加し続けています。

　日本の開発援助は、欧州の観点からは、アジア地域の戦略的・経済的安定化を求めているようにみえます。欧州諸国と同様、日本もまたエネルギー資源を他地域に依存しています。日本がアジアの15ほどの小さな国々との間に協定を締結していることは、そのエネルギー調達を安定化し、国連の安保理や国際捕鯨取締条約の国際捕鯨委員会における発言力を確保することを可能にするでしょう。フランスやEUも同様です。また、日本は、人手不足に悩む日本企業に労働者を確保するために、日系ブラジル人に的を絞って日本への移民を許可しました。このことは、日本の対ブラジル開発援助を正当化しました。

D　EU・日本関係の全景

EU・日本関係は1957年に始まりました。それはちょうど欧州が内外に経済活動を発展させ始めた時期です。日本は米国とともに、EUの第1の経済パートナーでした。EUと日本の協力関係のいくつかの要素を以下に示しましょう。

E　EU・日本首脳会談の組織化

EU・日本首脳会談は、私たちの連携関係にとってきわめて重要な節目です。首脳会談は毎年行われるEU・日本間のきわめて高度な外交会合であり、EU側からはEU外相や欧州委員会委員長が出席します。このような政治対話の機関は、純粋に通商上の問題だけでなく、それを超えた広範囲の交渉を開始することを可能にします。このような首脳会談が運営され始めてから23年が経ちます。最近の首脳会談は2015年5月29日、30日に開かれ、そこではさざまなテーマが扱われました。そのなかで、EU・日本自由貿易協定構想が、私たちの関心をもっとも集めることになります。

Ⅲ．EU・日本自由貿易協定

この協定は、EUが韓国、インド、カナダと結んだ協定に続くものです。2000年代に大いに流行し、EUにより推進された世界貿易機関（WTO）型の多国間主義概念が、ここで問題視されました。それに代わって、2国間主義のネットワークが、世界貿易関係と新興国の封じ込め戦略の新しい考え方になったのです。中国、インド、ブラジル、ロシアなどの新興国は、北の国々（米国、EU、日本、ドイツ、フランス……）が本気で向き合わなければならない競争相手であることは、誰もが認めるでしょう。以下では、まず自由貿易協定について少し話し、次いで、この協定によって追求される目的を示すことにしましょう。

A　EU・日本自由貿易協定とは

　日本は、EU にとって世界で 7 番目の、アジアでは中国に次いで 2 番目の貿易相手です。逆に EU は、日本にとって中国、米国に次いで 3 番目の貿易相手です。EU と日本は合わせて世界の国内総生産合計の 3 分の 1 以上を占めます。2013 年に、日本と EU の間で自由貿易協定の締結をめざす大規模な交渉が始まりました。それは、戦略的連携協定と称される単なる貿易問題を超える、より包括的な計画のなかに位置づけられるものでした。

　物、サービス、投資に関する包括的協定としての自由貿易協定を締結する目的は何でしょうか。それは、関税・非関税障壁を除去し、政府調達、規制問題、競争、持続可能な開発などに結びついた他の側面を協定の規律対象に含めることです。日本との交渉は、EU が懸念していたいくつかの問題、たとえば非関税障壁や日本の政府調達市場のより大きな開放などについて行われました。両当事者が望んだのは、物・サービス・投資の漸進的かつ相互的な貿易自由化と、貿易関連規則を包含する協定を結ぶことでした。

　2015 年 5 月 29 日の EU・日本首脳会談において、いくつかの問題が取り上げられました。この首脳会談に出席したのは、日本側は安倍晋三首相、EU 側は欧州委員会を代表する委員長ジャン＝クロード・ユンケルと EU の 28 加盟国を代表する欧州理事会議長ドナルド・トゥスクの 2 人でした。この EU 側の 2 人組は、世界貿易分野で最高度の政治構成をなすものでした。ここで扱われた大きなテーマのうち優先的に挙げられるのは、自由貿易協定の最終プロセスの確認でした。それは次の声明に表れています。「親しい連携相手として、日本と EU は、両者の市民と共通の価値と原則に依拠した世界にとって死活的に重要な諸問題を解決するために共に働く。私たち両当事者の連携強化によって、また、地域的・世界的安全のためにより大きな責任を引き受けることよって、全世界に平和、安全、安定を構築するために、私たちは共に努力する。」この戦略的連携と自由貿易協定構想は進展しました。交渉者は、両者の交渉プロセスをパラレルに加速することを自らの任務としていました。この連携とと

もに、私たちは、今後数十年にわたって法的拘束力のある基礎を確立することになります。

B　EU・日本の連携の範囲

　経済協定の範囲を、相異なりかつ相互補完的な2つの経済的側面から検討しましょう。

　2つの巨大な経済実体であるEU・日本間の自由貿易協定は、EUの域内総生産を0.6～0.8パーセント増大させ、成長を促進し、40万人の雇用を創出するでしょう。EUの日本向け輸出は33パーセント、日本のEU向け輸出は24パーセント、それぞれ増大するでしょう。日本はEU内でもっとも重要な投資国です。2011年、EUにおける域外国の直接投資残高は、1442億ユーロでした。1990年代半ばに比べればその額は顕著に増大したとはいえ、日本における外国の直接投資残高は、他のOECD加盟国に比してきわめて少額にとどまっています。因みにEUの外国直接投資残高は、2011年には855億ユーロでした。法的に厳密に言えば、自由貿易協定は、日本およびEUの欧州議会と理事会によって批准されることになります。さらに、EUの権限に属さない問題（サービスや文化）については、28のEU加盟国が批准することになります。

　しかしながら、EU・日本自由貿易協定は、他の協定とともにその将来を評価すべきでしょう。他の協定とは、現在交渉中のEU・米国の環大西洋自由貿易協定（TAFTA）や日本、米国その他の国々の環太平洋経済連携協定（TPP）のことです。前者は、歴史的協定であり、その経済的・規制的効果はかなりのものです。EU・日本自由貿易協定、環大西洋自由貿易協定、環太平洋経済連携協定は、物、サービス、投資、農業、政府調達についての貿易自由化協定です。それらの基礎は、1995年にOECDの枠内で交渉が開始された多国間投資協定（MAI）にみいだすことができます。現在交渉中のこれら3つの協定は一種の貿易帯を形作るものです。その目的は、EU、米国、日本の3国で世界貿易の50パーセントを占めることによって、中国、東南アジア諸国連合（ASEAN）、インド、ロシア、ブラジルの経済的・政治的力を抑制することで

す。

　こうして、これらの貿易協定が、中国をリーダー格とする新興国と競合する北の大国による封じ込め戦略に属すものであることが確認できるでしょう。さらに法的に言えば、北の大国間の連帯と相互依存を創設しているこれらの２国間協定ネットワークは、OECDやWTOが促進しようとしてきた多国間主義の終焉を示しています。2000年代には、OECDが組織化した貿易世界において貿易多国間主義が原則規範であり、２国間主義はこの原則規範のある種の執行方法でした。ところが2010年以後、規則となったのはその逆でした。かつての原則規範が執行方法に、かつての執行方法が原則規範に、それぞれなったのです。

参 考 文 献

PY Monjal, Vidéos des colloques du réseau NihonEuropA : https://univ-droit.fr/universitaires/6079-monjal-pierre-yves

PY Monjal, L'Union européenne et le Japon ou la double ouverture économique : Considérations générales sur les relations économiques entre le Levant et le Couchant, *RDUE*, 2015/4, P. 1 et s.

第2章
欧州連合・日本間の経済協力協定：
新世代の2国間経済パートナーシップ協定

L'accord de coopération économique entre l'Union européenne et le Japon : un accord de nouvelle génération pour un partenariat économique bilatéral sans précédent

はじめに

　2017年7月6日、日本・EU首脳会議において政治協定が結ばれました。その目的は戦略連携協定（APS）と経済連携協定（APE/JEFTA）を近く締結することでした。この政治協定締結のさいのEU代表は、欧州委員会委員長ジャン＝クロード・ユンケルと欧州理事会議長ドナルド・トゥスクの2人でした。日本代表は安倍晋三首相でした。セシリア・マルムストローム貿易担当委員、岸田文雄外相も協議に参加しました。

　トランプ米大統領による米国の環太平洋経済連携協定（TPP/APT。2015年10月5日に大筋合意、2016年2月に日米両国署名）の交渉放棄が、今回の交渉の最終局面に影響を及ぼしました。G-20会合前日の政治協定成立の発表は、米国のあからさまな保護主義的通商政策にたいして日・EUが明確なメッセージを発したものです。TPPは当初は米国を含む12ヵ国が署名しましたが、米国抜きのアジア11ヵ国の間で発効する見通しです（2017年11月11日大筋合意）［訳註：2018年12月30日に発効予定］。米国の孤立傾向は顕著です。

　ところで、JEFTAは、EUが相異なる貿易相手国との間で締結してきた新世代協定の1つです。それは、実質的影響の大きな2当事者間の条約であり、EUがリーダー役を務めた2000年代の多国間主義貿易を見直そうとしていま

す。法的にみると、新世代協定は EU とその加盟国にとって、大変複雑なものになっています。2017 年 12 月に、JEFTA 交渉は最終段階を迎える予定です〔訳註：実際に JEFTA の署名が行われたのは 2018 年 7 月〕。

I．JEFTA の交渉枠組と内容：ひそかに効率的に交渉された新世代の協定

JEFTA は、形式化された枠組のなかで比較的短時間のうちに展開された 2 当事者間の討議・交渉プロセスの結果です（A）。その内容は、特に広く厚いものになっています（B）。

A　JEFTA の交渉枠組

JEFTA の交渉枠組は、4 つの時期に明確に区分することができます。

第 1 の時期は、1991 年 7 月 18 日から始まります。この日、1959 年以来の日本・EU 関係を強化する第 1 回首脳会議がハーグで開催されました。

第 2 の時期は、2001 年 12 月 8 日から始まります。この日、第 10 回日本・EU 首脳会議がブリュッセルで開催され、そこにおいて「共通の未来を描く」行動計画が策定されました。

第 3 の時期は、2013 年 3 月 25 日から始まります。この日に自由貿易協定交渉が開始されました。それと共に、戦略連携協定（枠組協定）を結ぶことが決められました。この戦略連携協定は、2014 年春に協議が始まりました。戦略連携協定は、狭義の経済問題にとどまらず、より広くさまざまな問題を扱い、政治対話、戦略協力、平和と安定の促進分野における価値、目的、責任を再確認するものです。

そして最後の第 4 の時期は、2017 年 7 月 6 日から始まります。政治協定が締結され、2017 年末に JEFTA および APS の署名が予定されています〔訳註：実際に JEFTA と APS の署名が行われたのは 2018 年 7 月〕。全体として、JEFTA の交渉のために 4 年かかったことになります。

B　JEFTA の内容

協定は 16 の章から成り、それらは 5 つのカテゴリーに分けることができます。

16 の章は、以下のとおりです。関税、非関税措置、原産地規則、サービス、コーポレートガバナンス、資本移動・支払・移転、知的財産権、地理的表示、競争・補助金・公企業、通商救済、貿易の技術的障害、税関、紛争解決メカニズム、衛生植物検疫措置、貿易と持続可能な開発、中小企業。

これらの 16 の章は、次の 5 つのカテゴリーに区分することができます。物の貿易、サービス貿易、投資法、競争法、紛争解決。EU の共通通商政策のすべての要素が関わっています。

いくつかの章はなお交渉中です。たとえば投資の自由化に関する諸規定は、全体としてまだ合意に達していません。というのも、投資紛争解決の問題がまだ解決していないからです。

交渉中大いに議論になったのは、商品貿易の非関税障壁の撤廃の問題、とりわけ貿易の技術的障害の撤廃の問題です。それは当然に規制に関する当事者間協力を伴います。これについて当事者間の合意はまだ得られず、まだ議論は継続中です。

規制に関する当事者間協力は、商品の自由移動への障害を制限する手段です。この問題についての交渉は、互いの重大な利益が絡むため、行き詰っています。

協定案のどの規定も、当事者が公共政策上の目的追求において保護の程度を決定し規律することに影響を及ぼしません。そのような分野として以下の分野があります。a) 公衆衛生、人・動物・植物の衛生、衛生と安全、労働条件、動物の福利、b) 環境、c) 消費者、d) 社会保障、e) 個人情報とサイバーセキュリティー、f) 文化多様性、g) 財政的安定。

II．JEFTA の影響：法的に確定できるが経済的に未確定な新世代協定

　JEFTA の経済的効果は、それについてのさまざまな分析によれば、当事者双方にとってきわめて大きいものです（A）。法的には JEFTA は新世代の自由貿易協定です。EU の対外的権限が新たな問題群に適応していくことが期待されています（B）。

A　JEFTA の経済的効果

　EU にとって日本は 6 番目の貿易相手国です。日本にとって EU は中国、米国に次ぐ 3 番目の貿易相手です。JEFTA の創設により EU の国内総生産は 0.6 〜 0.8 パーセント上昇します。EU から日本への輸入額は 30 パーセント以上増加し、42 万人の新たな雇用が創出されます。日本・EU の国内総生産は、世界全体の国内総生産の 3 分の 1 以上を占めることになります。

　日本・EU 間の第 1 の貿易産品は工業製品です。2016 年の EU から日本への輸出総額のなかで、機械類・輸送用機器は 37 パーセント。化学製品は 25 パーセント、他の工業製品 22 パーセントでした。これにたいして一次産品（農産物、原材料、エネルギー）は 14 パーセントにとどまっています。

　また、サービス貿易については、EU から日本への輸出総額は 2014 年には 260 億ユーロでしたが 2015 年には 280 億ユーロに増加しました。他方、日本から EU への輸出総額は 2014 年は 130 億ユーロ、翌 2015 年は 150 億ユーロでした。

　農産物・食品分野は EU が優位する分野です。この分野での EU の明確な目標は、日本市場を EU の農産物・食品の一層大きな販路（捌け口）にすることです。JEFTA の成立により 85 パーセント近くの EU 産の農産物・食品（ワイン、加工豚肉など）が無関税で日本に輸入されることになります。

　牛肉などの分野では、今課されている関税が徐々に減ることになります。他

方、米はJEFTAの対象外です。乳製品の交渉はとりわけ複雑でした。それは、東京（日本）にとってきわめてセンシティブな分野であり、欧州産チーズには高関税が課されています。それでも日本は200以上の産品についての地理的表示を承認しました。たとえば、フランスのロックフォール、オーストリアのチロル・スペック、ベルギーのアルデンヌ・ハム、ポーランドのポルスカ・ウォッカなどがそうです。その結果、それらの製品は、日本で欧州と同レベルの保護を享有することになります。

　自動車分野は、EU・韓国FTA（2011年）の場合と同様、JEFTAの中核に位置づけられます。JEFTAにより、日本車は、数年の移行期間が経過した後は欧州市場に完全にアクセス可能になります。日本はJEFTAのなかで、EUと同一の国際規格を用いることを約束しました。このことによって、欧州車の日本市場へのアクセスが容易になるでしょう。

　JEFTAには、環境問題についての東京・ブリュッセル間の対話促進をめざした持続可能な開発に関する章も設けられています。

B　JEFTAの法的効果

　すでに述べたように、JEFTAは新世代の自由貿易協定です。自由貿易協定は、伝統的には貿易促進のために関税障壁の低減をめざすものでした。これにたいして新世代の自由貿易協定は関税の低減に限らず、あらゆる貿易障害を減らすことをめざすものです。非関税障壁の低減は「国境背後の貿易」と呼ばれます。

　新世代自由貿易協定はまた、サービス貿易、政府調達、知的財産保護にも関与し、衛生・社会・技術・環境規範の調和をめざすものでもあります。さらに、投資紛争解決の問題もJEFTAの中心課題のひとつです。

　これらの新協定は、地球上の大経済圏間の2国間主義への回帰のなかに位置づけられます。そこに見られる2つの現象は、EUが2000年代に重要な役割を果したWTO型の多国間主義（それはここ10年ほどは停滞していることが明らかです）の放棄、および、先進国間の貿易の流れの戦略的な再構成です。

今後、EU 司法裁判所は、EU 運営条約 218 条 11 項に基づいて意見を求められることがあり得ます。これに関連して、EU の対外的権限は、最近、調整の対象になりました。それは EU・シンガポール協定（これも新世代の自由貿易協定です）の締結にさいしてでした。

この協定の 2 つの部門について、EU は排他的権限を有していないと EU 司法裁判所は判断しました（2017 年 5 月 16 日意見 2/15，EU：C：2016：992）。それら 2 つの部門とは、直接投資以外の外国投資（「財布投資」と呼ばれるもので、企業の管理運営に影響を及ぼそうとはしない投資のことを指します）と投資家・国家間の紛争解決制度の 2 つです。今後、EU 加盟国は、JEFTA のなかの上記 2 部門について、批准することになります。このことが JEFTA の発効を遅らせ、あるいは発効を阻むことになるかもしれません。EU・カナダ自由貿易協定（CETA）は、まさにそのようになりました。

参 考 文 献

PY Monjal, Vidéos des colloques du réseau NihonEuropA : https://univ-droit.fr/universitaires/6079-monjal-pierre-yves

Hirotaka WATANABE, Les relations Japon-Europe en Asie, au niveau multilatéral, Université de Tokyo, 2016.

第 3 章
欧州連合の世界的通商戦略：
新世代の貿易協定

La stratégie commerciale mondiale de l'Union européenne :
Les accords commerciaux de nouvelle génération

はじめに

　今日、私がここでお話しするのは、今後数年間、EU にとって法的にも経済的にも重要で決定的な問題です。EU は「経済大国」であり、世界の他の経済大国とりわけ最近は日本と共に国際貿易を発展させてきました。日本・EU 経済連携協定が昨年（2017 年）12 月 8 日に交渉妥結しました。この協定は、これら 2 つの経済パートナーにとって経済的に重要であるだけでなく、EU が採る新世界貿易戦略をよく示しています。それは、EU が促進しようとしている新しいカテゴリーの協定、すなわち新世代の協定と呼ばれるものの 1 つです。

　EU は 28 の加盟国から構成されます。英国は来年（2019 年）3 月 29 日に EU を離脱することになりました。EU は法人格と法的能力を有しており、それらを行使して他国との間に貿易協定を締結することができます。ここではまず、世界貿易の主要アクターとしての EU を取り上げます（Ⅰ）。次いで、EU が新世代の協定の下で発展させようとしている世界貿易戦略についてお話しします（Ⅱ）。

I．世界貿易の主要アクター EU

A 「貿易大国」EU

　EU は、人口の面では世界人口の 6.9 パーセントを占めるにとどまりますが、今日、米国、中国に次ぐ世界第 3 の「貿易大国」です。米国、中国、EU は世界貿易の約半分を占めています。EU 域内貿易（これは EU の域外貿易の 2 倍になります）は別として、EU の域外物品貿易（輸出入）の総計は 3 兆 4540 億ユーロに達し（2016 年）、これは世界全体の物品貿易の 15 パーセント以上にあたります。また、EU の農産品輸出量は、米国、ブラジルをはるかに引き離し世界第 1 位です。製品貿易およびサービス貿易の輸出においても同様に世界第 1 位です。とりわけ観光サービスが際立っています。欧州の 3000 万以上の雇用は域外貿易分野にあります。貿易黒字は 2016 年、330 億ユーロに達しました。

　EU の主な貿易相手国は、米国、中国、スイス、トルコ、ロシアです。米国は 2017 年、EU の第 1 の輸出相手国になりました。これら 5 ヵ国に日本、ノルウェーを加えた 7 ヵ国は、EU の物品輸出総額の半分以上を占める輸出相手国です。同時にこれら 7 ヵ国は、EU の主要な輸入相手国でもあります（中国が第 1 位）。

B 貿易分野における EU の法的手段

　EU は貿易分野において固有の法的権限を有しています。共通通商政策は、EU の排他的権限に属する統合政策です。したがって EU は 28 の加盟国に取って代わって広範囲の共通通商政策を遂行しています（EU は WTO に加盟し WTO において EU 加盟国を代表しています）。したがって、EU は通商政策手段と呼ばれるさまざまな法的権限を有しています。それらの手段として、次のものが挙げられます。

＊共通域外関税：全ての EU 加盟国に共通の関税です。EU 域内市場に輸入さ

れる全ての産品に課されます。1968年に発効した関税同盟を象徴するものです。

＊貿易保護措置：WTO協定に従って欧州企業の利益を擁護する措置のことです。WTOは貿易相手国の不公正な慣行から自らを保護する権利を認めています。たとえば緊急輸入制限、アンチダンピング、反補助金措置などがそうです。貿易保護措置は、不公正と判断された輸入への暫定的な関税措置を含みます。

＊特恵協定：これは、いくつかの国家グループにたいして、WTO協定とは別にEU域内市場への特恵的アクセスを認める協定のことを指します。たとえば、地中海沿岸諸国協定、コトヌ協定（コトヌは西アフリカのベナンにある港湾都市。この協定は2000年署名。EU・ACP諸国間の協定）などが該当します。

＊統一原則：これはリスボン協定に規定されています。WTO協定の枠内でEUが締結する世界中の国との間の貿易協定を規律する共通原則を指します。

　欧州連合運営条約207条は、これらの共通通商政策の基礎を次のように規定しています。「同条1項：共通通商政策は、特に関税率の変更、物品およびサービスの貿易に関する関税および貿易協定の締結、知的財産の貿易的側面、対外直接投資、自由化措置の統一の達成、輸出政策ならびにダンピングまたは補助金に関してとるべき措置を含む貿易上の保護措置に関して、統一的な諸原則に基礎をおく。共通通商政策は、EUの対外行動の原則と目的の文脈のなかで実施される。」共通通商政策はEUの排他的権限に属します。EUが貿易相手国との間で締結する協定で207条に属するものは、EU単独で交渉され、署名され、締結されます。ここにおいてEUは加盟国に取って代わり、加盟国を代理しています。

　協定締結手続きは218条が規定しています。加盟国からの委任に基づいて欧州委員会が交渉し、理事会がこれに署名し、これを批准します。これらの手続きは欧州議会に通告されます。

　貿易協定がEU権限および加盟国権限の双方に関与する場合（たとえば労働

法、投資家と受入国との間の紛争解決など)、そのような協定は混合協定と呼ばれます。この場合は、EUと各加盟国がそれぞれ協定を批准することになります。

II. 世界貿易上無視できない「戦略家」EU

　貿易相手国との間に新世代の2国間協定を締結しながら (A)、EUはWTO型の多国間貿易を将来再開することを意図し、その多国間貿易のなかに、新世代2国間協定中にEUが規定した基準を盛り込もうとしています (B)。

A　EUが推進する新世代の二国間主義

　EU・韓国経済協定 (2011年交渉開始、2015年発効)、EU・ペルー・コロンビア多角的貿易協定 (2012年署名、2013年より暫定発効)、EU・カナダ貿易協定 (CETA、包括的経済貿易協定とも言われます。2017年部分発効)、EU・米国環大西洋自由貿易協定 (TAFTA、現在中断)、EU・シンガポール自由貿易協定 (SEFTA、2013年9月20日署名、締結間近)、EU・日本経済連携協定 (JEFTA、2017年12月8日交渉妥結、締結間近)。これらが新世代の自由貿易協定です。これらに多大な影響を与えたのが環太平洋経済連携協定 (TPP) です。TPPは、2015年12ヵ国が署名しましたが、その後2017年1月に米国が離脱を表明、2018年3月米国を除く11ヵ国が署名しました。

　古典的すなわち旧世代の自由貿易協定は、貿易促進のために関税障壁を縮減することを主要目的にしていました。これにたいして新世代自由貿易協定は、以下の3点で旧世代協定と異なります。

＊関税の縮減のみならず全ての貿易障壁を除去しようとしていること。非関税障壁 (国境の背後で行われる貿易) が除去の対象に含まれています。言い換えれば、新世代協定はあらゆる規範 (衛生、社会、技術、環境) の調和化を図るものです。そこでめざされていることは相当広範です。日本に進出しようとする欧州企業は、現状では、欧州産業の道具を日本の国内的要求に従うものに適

応させるため、関税に加えて関税の 60 パーセントにあたる費用負担を覚悟しなければなりません。このような状況を改めるため、JEFTA は、たとえば自動車分野で EU と日本に共通する国際基準を遵守することを求めています。

＊新世代協定はサービス、政府調達、知的財産保護、直接・間接投資にも関わっていること。金融サービス分野では、CETA は、EU・カナダ間での金融サービス貿易をよりダイナミックなものにすることをめざしています。JEFTAも同様です。知財に関しては、数百の欧州地理的表示が日本においても保護されることになります。

＊投資家とその受入国との間に新たな投資紛争解決方式を導入しようとしていること。CETA、JEFTA において、そのような EU の提案は重要な地位を占めています。そこでは超国家的な常設の裁判所を設立し、そのような裁判所が受入国と投資企業との間の紛争（投資企業が受入国の決定により利益を侵害されたとみなすときに生じる紛争）を解決することがめざされています。このような司法化は、実際には EU 法規則の適用を意味しており、同時に、従来の仲裁による解決を EU が問題視していることも意味しています。

B　おそらく EU が再開する WTO 型多国間主義

新世代協定はなぜ新しいのでしょうか？　そう言える理由は 2 つあります。

第 1 の理由は、協定の中身です。JEFTA がまさにそうでしたが、その中身は欧州世論により厳しく批判されました。たとえば、あまりに自由主義的、競争的である。秘密裏に交渉されてきた（しかし実際はすべての文書はアクセス可能だったのでこの批判は相対化される必要があります）。投資紛争解決方式が不公正である（実際は上記のとおり司法化されようとしているのですが）、などなど。最後の点に関しては、世論の一部はこれを「投資家と国家が非対称的である」と批判しました。国家に比べて投資家が優遇され、国が市民保護のための公共政策をとることを抑止されるから、というのがその理由でした。欧州市民は、実際、欧州の消費者、環境、生活条件を保護している欧州規範への訴訟が提起されることを恐れていました。投資家がこれらの規範を無効化する

ために訴訟を起こすのではないかと心配したのです。

　第 2 の理由は、2000 年代は EU は貿易大国（米国、カナダ、日本）と 2 国間協定を結ぶことを常に拒んできました。EU は WTO においてパスカル・ラミー事務局長（元 EU 域外貿易担当委員）と共に多国間主義アプローチを常に擁護してきました。南米諸国やアセアン諸国との間でも同様でした。2000 年代は、EU は多国間協定の最大の擁護者だったのです。

　しかしながら、ここ 10 年間、WTO 交渉（ドーハ・ラウンド）が行き詰まり、欧州経済を復興させる必要に迫られて、EU は質の高い 2 国間協定の締結に力を注ぐ方向に舵を切りました。この点に関して、最後に 3 つ指摘したいと思います。

＊EU はこれら 2 国間協定の基準および適用分野を相当程度引き上げ、広げることを決定しました。その根拠になったのは、運営条約 207 条でした。

＊EU の今後 10 年の短期的戦略は、2 つあります。1 つが、欧州経済を復興させて 6、7 ヵ国の経済大国との間で世界貿易の 50、60 パーセントに達する貿易実績を挙げることです。もう 1 つが、そのような貿易実績により、中国、インドといった新興国を抑制することです。

＊他方、EU の今後 10 年以後の長期戦略は、おそらくは、新世代協定を利用し、それらが有効で、効率的で、欧州を擁護するものであることを示した上で、それらを WTO の基準として採用するよう提案することでしょう。よりはっきり言えば、EU は、新世代の 2 国間協定という段階を経て、将来的には、欧州型の通商多国間主義を復興させることをめざすでしょう。

参　考　文　献

　　Hirotaka WATANABE, Les relations Japon-Europe en Asie, au niveau multilatéral, Université de Tokyo, 2016.

　　PY Monjal, Vidéos des colloques du réseau NihonEuropA : https://univ-droit.fr/universitaires/6079-monjal-pierre-yves

　　J. Lebullenger, Accords externes, in *Abécédaire de droit de l'Union européenne En l'honneur de Catherine Flaesch-Mougin,* Presses universitaires de Rennes, 2017.

訳者あとがき

　本書は、ピエール＝イヴ・モンジャル教授が、2011 年～ 2018 年の間、中央大学法学部および日本比較法研究所で行った講演・報告 10 編を、欧州連合、基本権、EU・日本関係の 3 つの柱の下に編集・翻訳したものである。

　モンジャル教授は、フランスのトゥール大学法学部、修士課程、博士課程を経て、1998 年、「共同体法システムにおける規範の階層性に関する研究 (Recherches sur la hiérarchie des normes au sein du système juridique communautaire)」と題する博士論文によりトゥール大学から博士号を取得した。その後、パリ第 13 大学（パリ北大学）教授、パリ第 1 大学（パンテオン・ソルボンヌ大学）教授、パリ政治学院教授などを経て、現在、トゥール大学法学部教授職にある。同教授は、EU 法、フランス公法・地方自治法を専門とする優れた研究者であり、世界中の傑出した EU 研究者に欧州委員会が付与するジャン・モネ講座資格者である。同教授の主な著書は次のとおり。*Recherches sur la hiérarchie des normes communautaires*, LGDJ, 2000 ; *Les normes de droit communautaire*, Que sais-je?, 2000 ; *Le droit communautaire applicable aux collectivités territoriales : les nouveaux enjeux*, Territorial Éditions, 2006 ; *Droit de l'Union européenne, Dalloz, connaissance du droit*, 2007 ; *Le "commun" dans l'Union européenne*, (sous la direction de PY Monjal et E. Néframi), Bruylant, 2009 ; *Droit européen des collectivités locales,* LGDJ, 2010 ; *La France intercommunale : La communautarisation des territoires locaux* (sous la direction de PY Monjal), actes du colloque de Marne la Vallée, L'Harmattan, 2013.

　著者序言で述べているように、モンジャル教授は大の japanophile（日本愛好家）であり、トゥール大学および他大学の同僚とともに、または家族とともに、何度も来日している。

　中央大学は 2016 年にトゥール大学との間に交流協定を締結した。これまで

トゥール大学からはモンジャル教授、マルク・デスメット副学長が来校し、中央大学からは牛嶋仁法学部教授、西海がトゥール大学に招請され、それぞれ研究教育活動を行ってきた。さらに大学院生レベルの学生交換も活発になりつつあり、トゥール大学法学部からは2018年4月〜9月に修士課程学生（M2）のアナスタジア・ヴォルコフ、オリヴィア・フルジュレの2人が本学大学院法学研究科に研究生として在籍し、EU・日本連携協定における農業問題、EU・日本連携協定における持続可能な開発問題というテーマでそれぞれ修士論文を作成した。そのさいに、モンジャル教授と共に西海は共同指導教授（co-directeur）を務めた。他方、中央大学からは高崎理子（法学研究科公法専攻博士後期課程在籍）が、トゥール大学からの奨学金を得て、2017年から2018年にかけて5ヵ月間、博士論文準備のためにトゥール大学法学部に滞在した。

さらにモンジャル教授のイニシアティブのもとに、日欧法学者の比較法研究プロジェクトである《 Nihon-Europa 》が2016年に発足し、2016年10月に第1回研究大会「日仏法学研究」がトゥール大学法学部で、2018年3月に第2回研究大会「高齢化の法的・社会的影響」「EUと日本：相互的影響と共通利益」がポワチエ大学法学部およびトゥール大学で、それぞれ開催された。50人を越える日欧の法学研究者、実務家が参加したこれら2つの研究大会は、いずれも盛会で成功裏に終わったが、それらにおいて、兼頭が「日本におけるEECについての初期の認識」(2018年)、西海が「近代国際法と日本」(2016年)、「EU・日本自由貿易協定における投資紛争解決方式」(2018年)、力丸祥子法学部准教授が「フランスと日本におけるホモセクシュアリティ：比較法的分析」(2018年) と題する報告をそれぞれ行い、報告後には参加者との間に活発な質疑応答が続いた。

上に述べたトゥール大学と中央大学の交流協定締結以前から、モンジャル教授は何度も中央大学に来て、比較法研究所で報告をし、法学部で講演をしてくださった。本書を読んでいただければわかるように、同教授は講演のなかで、わかりやすくEUの制度と権限を解説し、EUにおける国際法や基本権の位置、EUの世界貿易戦略などについて、つねに具体的事実や素材に立脚しつつ、考

察している。同教授は、日本の他にもロシア、インド、アメリカ、ベトナム等、多様な国々でEU・EU法について講義・講演を行ってきた。異なる法文化への開かれた視点をもち、豊富な経験に裏打ちされた同教授の講演は、各テーマについての要点がわかりやすく提示されているだけでなく、聞き手であるEU域外の人々に配慮し、ヨーロッパあるいはフランスにおける各テーマの意義や背景についても伝えている。日本のEU研究は、主に英語による資料・文献に依拠するところが大きい。そのような中で本書は、専門書ではなく講演集ではあるが、日本であまり紹介されることのないフランスのEU法学者の考えや視点がうかがえるものとなっている。

　とりわけ私たち訳者にとって興味深かったのは、同教授の動態的な思考方法である。同教授は最近のEU改革をとりあげ、EU権限、加盟国権限、加盟国議会権限・欧州議会権限の拮抗関係を論じ、そのなかでEU権限が相対的に縮小し、加盟国権限および2つの議会権限が相対的に拡大したことを、民主主義の観点から肯定的に論じている（第1部第1章、第2章）。同教授はまた、EUが基本権を何よりも優先している点について、それはEUのイデオロギーでありEU司法裁判所はそれを世界に向けて発信したと捉えている（第2部第2章、第3章）。一方で欧州人としてのそのような確信（それは教授自らのものでもあるに違いない）を述べながら、他方で、「それはあくまでも欧州のイデオロギーであり、世界の他地域の人々は他の考え方をするかもしれませんね」という思いがそこに透けてみえる。同じことがEUの世界貿易戦略に関する展望についても言える。同教授は、EUはそれまでのWTO型の多国間主義を捨てて新世代協定の2国間主義に舵を切ったと言いつつも（第3部第2章）、長期的にみればEUは再び多国間主義に戻り、新世代協定がもたらした果実をそこにとりいれようとするだろうと述べる（第3部第3章）。このような同教授の見方には、EU内のアクター間の力関係、欧州と非欧州、多国間主義と2国間主義といった、相異なる力、理念、構想のせめぎあいのなかから、古い理念・規範・制度に新たな理念・規範・制度がとって代わっていくという、いわば弁証法的な考え方がみてとれるように思う。また、開発援助について、すべての援

助には援助者の利益考慮が働いているという非常に現実的な見方を示している。このような考え方は、援助本来のあり方からすれば、当然異論のあるところだろう。日本の開発援助の政治的意図についても同教授の興味深い考えが述べられている（第3部1章）。

　本書の各章の要旨は、下記のとおりである。

　第1部第1章「リスボン条約後の欧州連合：諸機関の民主的・効率的な再構成（L'Union européenne après le traité de Lisbonne : Des institutions réorganisées, démocratiques et efficaces）」は、2011年10月18日に中央大学法学部で行われた講演であり、『比較法雑誌』46巻3号（2012年）に掲載されたものである。リスボン条約の概略を説明し、同条約による主要なEU改革が紹介される。具体的にはEU主要機関の改革と民主主義の強化が取り上げられ、前者については、加盟国が選出するポスト（欧州理事会議長と外務・安全保障政策上級代表）が新設され、欧州委員会の権限が欧州議会の監視・統制により相対化されたことによって、加盟国の権限が拡大する方向でEUの機構改革が行われたと評価する。後者については、欧州議会の立法権限の強化と立法手続きの簡素化、欧州基本権憲章への法的拘束力の付与などによってEUの「民主主義の赤字」が縮小し、民主的要素が強化されたと評価する。全体として、リスボン条約が実現した改革を通じてEUが発展し続けており、経済・貿易に限らず広範な分野で民主的に運営されようとしていることが、わかりやすく語られている。

　第1部第2章「欧州連合の民主主義的諸原則：新たな議会間システムの出現か？（Les principes démocratiques de l'Union européenne : L'émergence d'un système interparlementaire inédit?）」は、2011年10月20日に日本比較法研究所スタッフセミナーで行われた報告であり、『比較法雑誌』46巻4号（2013年）に掲載されたものである。リスボン条約後のEUの政治的側面が論じられる。「経済統合のための国際組織」という定義ではEUを十分に捉えられないとの立場から、EUの政治的側面へのリスボン条約の寄与が考察される。具体的には、同条約が確立した代表民主主義原則とEU市民がEUの運営に直接関

与できる手続き（オンブズマン、請願権、市民発議権）により、EU 運営上市民が直接・間接に政治制度の中心に位置づけられたと評価する。政治的側面に関する同条約の EU 改革は議会に及び、欧州議会の立法権限が強化され立法手続きが簡素化した。さらに加盟国議会が EU の立法手続きに関与する仕組みが作られた。このように諸議会が EU レベルと加盟国レベルで EU の意思決定に関わるメカニズムを、筆者は「EU 特有の議会間システム」と捉えている。

　第1部第3章「欧州連合とブレグジット：今後の見通しは？（L'Union européenne et le Brexit : Quelles perspectives pour l'Union européenne?)」は、2017年6月21日に法学部で行われた講演であり、英国の EU 離脱（ブレグジット）がどのような経緯から生じ、どのような手続きがとられ、今後どのような経済的・法的影響が生じるのかが考察される。ブレグジット前史として、かつて労働党政権の下で EEC 離脱をめぐる国民投票が行われ否決されたこと、1980年代以来英国はさまざまな面において EU 内で例外的地位を築いてきたことが紹介される。今後のブレグジットの手続きは EU 条約 50 条にしたがって行われ、離脱交渉期間は2年である。ブレグジットの経済的影響は未知数だが、すでに多くの英国企業はその本店所在地を変更し他国の企業も同様である。ブレグジット後の英国は、商品、人、資本、サービスの分野の欧州市場に自由にアクセスできなくなり、多くの制約が英国に課されることになるだろう。今後の EU 加盟国は、統合のさらなる進展を受け入れる加盟国群と、それを進展を望まない他の加盟国群との2層構造になる、というのが著者の見通しである。

　第2部第1章「欧州連合における基本権保護システム：基本権に関する単一の欧州法秩序の漸進的実現（Le système de protection des droits fondamentaux dans l'Union européenne : La réalisation progressive d'un ordre juridique européen unique des droits fondamentaux)」は、2011年10月21日に中央大学法学部で行われた講演であり、『比較法雑誌』46 巻 3 号（2012 年）に掲載されたものである。EU における基本権保護の経緯、リスボン条約がもたらした発展、今後予想される欧州全体に広がる基本権保護システムの可能性が論じられる。基本権は欧州司法裁判所によって EU 法秩序へ導入された。EU 基本条約

は基本権に何ら触れていなかったため、裁判所は加盟国に共通する憲法的伝統として基本権を組み入れたが、その後欧州人権条約を直接参照するようになった。リスボン条約は欧州基本権憲章に法的効力を付与し、今後は同憲章に基づき基本権が保障される。同条約はEUが欧州人権条約に加入することを規定する。それが実現すれば加盟国とEUの基本権保護に関して欧州人権裁判所が最終判断を下すような基本権保護システムが創設される可能性がある、と著者は述べる。

第2部第2章「欧州連合と国際法：テロとの戦いという問題を通して示された両システム間の関係 (L'Union européenne et le droit international : Illustration des rapports de systèmes à travers la question de la lutte contre le terrorisme)」は、2014年4月23日に中央大学法学部で行われた講演であり、テロに関する安保理決議のEUにおける実施に関するEU司法裁判所判決を扱い、同判決で示されたEU法と国際法との関係を考察する。まず本事件の事実関係、法的状況、複数の判決が下された経緯と各判決の概要が紹介される。本判決がEU法を尊重する形でEU法と国際法との規範関係を捉えていることをふまえて、国際法をそのまま反映しているようなEU法の場合、裁判所はそのようなEU法の評価を通じてEU法の外にある国際法を間接的に評価し得ることが指摘される。このような考えに基づいて基本権の尊重というEUの基本的価値が強調される。EU法秩序においては、テロとの戦いであっても基本権の尊重はおろそかにすべきではない。これはEUのイデオロギーであり、EUが世界に向けて発する政治メッセージであると筆者は捉えている。

第2部第3章「大衆の電子的監視を禁じた欧州連合司法裁判所判決：基本的自由の「治安維持」への勝利 (L'interdiction de la surveillance électronique de masse par le juge de l'Union européenne : La victoire des libertés fondamentales sur « l'ordre sécuritaire »)」は、2015年6月24日に中央大学法学部で行われた講演であり、テロ等の重大犯罪の防止・処罰のために個人情報を利用する枠組みを定めた指令についての欧州司法裁判所の判断を考察する。EUは重大犯罪を扱う国家機関が利用できるようにネット・プロバイダーや電話事業者にた

いして個人情報の保存を義務づける指令を出したが、それが私生活や個人情報の尊重・保護を侵害しているとの理由で先決的判断を下すことが欧州司法裁判所に求められた。裁判所はまず、同指令は基本権を侵害していることを確認し、次いで指令による基本権の制約が正当化できるか否かを検討し、同指令は基本権への制約を厳格な必要限度に限っていない故に比例原則に反していると判示した。EUにおいて基本権保護は共通価値であり、テロ対策においても基本権は最大限の尊重が必要であると考えられていることがわかる。

　第2部第4章「宗教の自由と基本権：欧州私企業におけるイスラム・スカーフ着用の問題（La liberté religieuse et les droits fondamentaux : La question du port du foulard islamique dans les entreprises privées en Europe）」は、2017年6月21日に日本比較法研究所スタッフセミナーで行われた報告であり、私企業における宗教的自由に関する欧州司法裁判所の判決が扱われている。企業の女性従業員が政治的、哲学的、宗教的な表象の着用を禁ずる内部規則によりイスラム・スカーフの着用を禁じられた。彼女はこれに従わなかったため解雇された。この内部規則が宗教による待遇差別にあたるか否かが裁判所に問われた。裁判所は企業の営業の自由と従業員の平等待遇の双方に配慮した均衡のとれた判決を下した。判決は内部規則が政治的、哲学的、宗教的なあらゆる表象の着用を対象としすべての従業員を同等に扱っていることを理由にこの規則自体は直接差別にあたらないとした。そして、正当な企業目的を追求するための適切かつ必要な手段であれば、そのような規則が間接差別になるとしてもそれは正当化されるとした。

　第3部第1章「日本と欧州連合の関係：構築されつつある大型経済連携の争点（Les relations entre l'Union européenne et le Japon : Remarques sur les enjeux d'un grand partenariat économique en construction）」は、2015年6月24日に法学部で行われた講演であり、欧州人法律家としての日本のイメージが語られ、EUと日本の開発援助政策が検討され、EU・日本自由貿易協定交渉が紹介される。欧州と同様、日本は権威主義的な君主制（天皇制）を経験し植民地政策を実施してきた。戦前・戦後を通じて日本法は西洋法の影響を受け

続けてきた。日本はアジアの諸国のなかで早くから西洋的な国であった。EUと日本はともに途上国への最大の援助提供者であり、両者の開発援助のおもな対象分野は貧困との戦い、持続可能な成長、気候変動との戦い、平和の維持である。2000年代にEUが世界規模で推進したWTO型の多国間主義がその後次第に問題視され、それに代わって2国間主義が世界規模で増加し、それは北の国々が連帯して新興国を封じ込めるための新世界貿易戦略になった。EU・日本自由貿易協定はそこに位置づけられる、というのが著者の一貫した考えである。

第3部第2章「欧州連合・日本間の経済協力協定：新世代の2国間経済パートナーシップ協定（L'accord de coopération économique entre l'Union européenne et le Japon : un accord de nouvelle génération pour un partenariat économique bilatéral sans précédent)」は、2017年11月29日に法学部で行われた講演であり、EU・日本自由貿易協定（JEFTA）の交渉、内容、経済的・法的影響を考察する。2013年3月からJEFTA交渉が開始され、それとともに戦略連携協定（APS）を締結することが決まった。2017年7月に政治協定が締結され、2017年末にJEFTAおよびAPSの署名が予定された。JEFTAは物の貿易、サービス貿易、投資法、競争法、紛争解決の5つから成る。投資自由化や投資紛争解決に関する諸規定の合意は未成立である。交渉中議論になったのは、商品貿易の非関税障壁撤廃の問題、特に貿易の技術的障害の撤廃の問題だった。JEFTAの経済的効果は、双方にとって大きい。法的に見るとJEFTAは新世代の自由貿易協定に属する。そこにはWTO型の多国間主義の放棄と、新興諸国に対抗するための先進諸国の世界貿易戦略の再構成が現れている。

第3部第3章「欧州連合の世界的通商戦略：新世代の貿易協定（La stratégie commerciale mondiale de l'Union européenne : Les accords commerciaux de nouvelle génération)」は、2018年4月25日に法学部で行われた講演であり、世界貿易の主要アクターとしてのEUが紹介され、EUが新世代の貿易協定の下で発展させようとしている世界貿易戦略が語られる。EUは世界第3の「貿易大国」であり、貿易分野で固有の法的権限を持ち、共通通商政策はその排他

的権限に属する。EU は加盟国に取って代わり広範囲の共通通商政策を策定・実施している。ある貿易協定が EU 権限と加盟国権限の双方にかかわる場合、そのような協定を混合協定という。その場合、EU と加盟国がそれぞれ協定を批准することになる。EU は新世代の 2 国間協定をいくつも締結し、WTO 型の多国間主義を一見否定したかのようである。しかし実は、新世代協定が有効・効率的で欧州に有利であることを示した上で、EU はそれを WTO に採用するよう求めるだろう。つまり、EU は新世代協定を経て欧州型の通商多国間主義を復興させようとするだろう、というのが著者の興味深い見通しである。

　本書の刊行が、トゥール大学と中央大学の研究教育交流のさらなる充実・発展のきっかけになれば、訳者としてこれに勝る喜びはない。本書の企画・編集・刊行の作業において、日本比較法研究所の加藤裕子さん、梅沢美帆さん、永井夏紀さん、中央大学出版部の西田ひとみさんには多々お世話になった。これらの方々の献身的なご尽力がなければ、本書は到底刊行できなかっただろう。これらの方々に、心から感謝申し上げる。

2018 年 7 月 15 日

西海　真樹
兼頭ゆみ子

訳者紹介

西海真樹（にしうみ　まき）中央大学法学部教授

『現代国際法論集　開発・文化・人道』中央大学出版部（2016年）。共編著『変容する地球社会と平和への課題』中央大学出版部（2016年）。共編著『文化多様性と国際法』中央大学出版部（2017年）。

兼頭ゆみ子（かねとう　ゆみこ）中央大学法学部兼任講師

「河川保護条約とEU水枠組指令―規範の階層化か新たな関係性の発現か―」『法学新報』第120巻9・10号（2014年）135-159頁。ベルトラン・マチュー（共訳）『フランスの事後的違憲審査制』日本評論社（2015年）。「国際法における景観概念の近年の発展―文化多様性を支える包括的な概念として―」北村泰三・西海真樹編『文化多様性と国際法―人権と開発を視点として』中央大学出版部（2017年）169-190頁。

ピエール＝イヴ・モンジャル教授講演集
欧州連合・基本権・日欧関係

日本比較法研究所翻訳叢書（83）

2019年3月5日　初版第1刷発行

訳　者　西海真樹
　　　　兼頭ゆみ子
発行者　間島進吾

発行所　中央大学出版部

〒192-0393
東京都八王子市東中野742-1
電話 042(674)2351・FAX 042(674)2354
http://www.2.chuo-u.ac.jp/up/

©2019　　ISBN 978-4-8057-0384-7　　株式会社 千秋社

本書の無断複写は、著作権法上での例外を除き、禁じられています。
複写される場合は、その都度、当発行所の許諾を得てください。

日本比較法研究所翻訳叢書

0	杉山直治郎訳	仏蘭西法諺	B6判 (品切)
1	F. H. ローソン／小堀憲助他訳	イギリス法の合理性	A5判 1200円
2	B. N. カドーゾ／守屋善輝訳	法の成長	B5判 (品切)
3	B. N. カドーゾ／守屋善輝訳	司法過程の性質	B6判
4	B. N. カドーゾ／守屋善輝訳	法律学上の矛盾対立	B6判 700円
5	P. ヴィノグラドフ／矢田一男他訳	中世ヨーロッパにおけるローマ法	A5判 (品切)
6	R. E. メガリ／金子文六他訳	イギリスの弁護士・裁判官	A5判 1200円
7	K. ラーレンツ／神田博司他訳	行為基礎と契約の履行	A5判 (品切)
8	F. H. ローソン／小堀憲助他訳	英米法とヨーロッパ大陸法	A5判 (品切)
9	I. ジュニングス／柳沢義男他訳	イギリス地方行政法原理	A5判 (品切)
10	守屋善輝編	英米法諺	B6判 3000円
11	G. ボーリー他／新井正男他訳	〔新版〕消費者保護	A5判 2800円
12	A. Z. ヤマニー／真田芳憲訳	イスラーム法と現代の諸問題	B6判 900円
13	ワインスタイン／小島武司編訳	裁判所規則制定過程の改革	A5判 1500円
14	カペレッティ編／小島武司編訳	裁判・紛争処理の比較研究(上)	A5判 2200円
15	カペレッティ／小島武司他訳	手続保障の比較法的研究	A5判 1600円
16	J. M. ホールデン／高窪利一監訳	英国流通証券法史論	A5判 4500円
17	ゴールドシュテイン／渥美東洋監訳	控えめな裁判所	A5判 1200円

日本比較法研究所翻訳叢書

18	カペレッティ編 小島武司編訳	裁判・紛争処理の比較研究(下)	A5判 2600円
19	ドゥローブニク 他編 真田芳憲他訳	法社会学と比較法	A5判 3000円
20	カペレッティ編 小島・谷口編訳	正義へのアクセスと福祉国家	A5判 4500円
21	P. アーレンス編 小島武司編訳	西独民事訴訟法の現在	A5判 2900円
22	D. ヘーンリッヒ編 桑田三郎編訳	西ドイツ比較法学の諸問題	A5判 4800円
23	P. ギレス編 小島武司編訳	西独訴訟制度の課題	A5判 4200円
24	M. アサド 真田芳憲訳	イスラームの国家と統治の原則	A5判 1942円
25	A.M. プラット 藤本・河合訳	児童救済運動	A5判 2427円
26	M. ローゼンバーグ 小島・大村訳	民事司法の展望	A5判 2233円
27	B. グロスフェルト 山内惟介訳	国際企業法の諸相	A5判 4000円
28	H. U. エーリヒゼン 中西又三編訳	西ドイツにおける自治団体	A5判 (品切)
29	P. シュロッサー 小島武司編訳	国際民事訴訟の法理	A5判 (品切)
30	P. シュロッサー他 小島武司編訳	各国仲裁の法とプラクティス	A5判 1500円
31	P. シュロッサー 小島武司編訳	国際仲裁の法理	A5判 1400円
32	張晋藩 真田芳憲監修	中国法制史(上)	A5判 (品切)
33	W. M. フライエンフェルス 田村五郎編訳	ドイツ現代家族法	A5判 (品切)
34	K. F. クロイツァー 山内惟介監修	国際私法・比較法論集	A5判 3500円
35	張晋藩 真田芳憲監修	中国法制史(下)	A5判 3900円

日本比較法研究所翻訳叢書

番号	著者・訳者	タイトル	判型・価格
36	G. レジエ 他／山野目章夫他訳	フランス私法講演集	A5判 1500円
37	G. C. ハザード他／小島武司編訳	民事司法の国際動向	A5判 1800円
38	オトー・ザンドロック／丸山秀平編訳	国際契約法の諸問題	A5判 1400円
39	E. シャーマン／大村雅彦編訳	ADRと民事訴訟	A5判 1300円
40	ルイ・ファボルー他／植野妙実子編訳	フランス公法講演集	A5判 3000円
41	S. ウォーカー／藤本哲也監訳	民衆司法——アメリカ刑事司法の歴史	A5判 4000円
42	ウルリッヒ・フーバー他／吉田豊・勢子訳	ドイツ不法行為法論文集	A5判 7300円
43	スティーヴン・L ペパー／住吉博編訳	道徳を超えたところにある法律家の役割	A5判 4000円
44	W. マイケル・リースマン他／宮野洋一他訳	国家の非公然活動と国際法	A5判 3600円
45	ハインツ・D. アスマン／丸山秀平編訳	ドイツ資本市場法の諸問題	A5判 1900円
46	デイヴィド・ルーバン／住吉博編訳	法律家倫理と良き判断力	A5判 6000円
47	D. H. ショイイング／石川敏行監訳	ヨーロッパ法への道	A5判 3000円
48	ヴェルナー・F. エブケ／山内惟介編訳	経済統合・国際企業法・法の調整	A5判 2700円
49	トビアス・ヘルムス／野沢・遠藤訳	生物学的出自と親子法	A5判 3700円
50	ハインリッヒ・デルナー／野沢・山内編訳	ドイツ民法・国際私法論集	A5判 2300円
51	フリッツ・シュルツ／眞田芳憲・森光訳	ローマ法の原理	A5判 (品切)
52	シュテファン・カーデルバッハ／山内惟介訳	国際法・ヨーロッパ公法の現状と課題	A5判 1900円
53	ペーター・ギレス／小島武司編	民事司法システムの将来	A5判 2600円

日本比較法研究所翻訳叢書

54	インゴ・ゼンガー 古積・山内 編訳	ドイツ・ヨーロッパ民事法の今日的諸問題	A5判 2400円
55	ディルク・エーラース 山内・石川・工藤 編訳	ヨーロッパ・ドイツ行政法の諸問題	A5判 2500円
56	コルデュラ・シュトゥンプ 楢﨑・山内 訳	変革期ドイツ私法の基盤的枠組み	A5判 3200円
57	ルードフ・V.イエーリング 眞田・矢澤 訳	法学における冗談と真面目	A5判 5400円
58	ハロルド・J.バーマン 宮島直機 訳	法　と　革　命　Ⅱ	A5判 7500円
59	ロバート・J.ケリー 藤本哲也 監訳	アメリカ合衆国における組織犯罪百科事典	A5判 7400円
60	ハロルド・J.バーマン 宮島直機 訳	法　と　革　命　Ⅰ	A5判 8800円
61	ハンス・D.ヤラス 松原光宏 編	現代ドイツ・ヨーロッパ基本権論	A5判 2500円
62	ヘルムート・ハインリッヒス他 森　勇 訳	ユダヤ出自のドイツ法律家	A5判 13000円
63	ヴィンフリート・ハッセマー 堀内捷三 監訳	刑罰はなぜ必要か 最終弁論	A5判 3400円
64	ウィリアム・M.サリバン他 柏木　昇 他訳	アメリカの法曹教育	A5判 3600円
65	インゴ・ゼンガー 山内・鈴木 編訳	ドイツ・ヨーロッパ・国際経済法論集	A5判 2400円
66	マジード・ハッドゥーリー 眞田芳憲 訳	イスラーム国際法 シャイバーニーのスィヤル	A5判 5900円
67	ルドルフ・シュトラインツ 新井　誠 訳	ドイツ法秩序の欧州化	A5判 4400円
68	ソーニャ・ロートエルメル 只木　誠 監訳	承諾，拒否権，共同決定	A5判 4800円
69	ペーター・ヘーベルレ 畑尻・土屋 編訳	多元主義における憲法裁判	A5判 5200円
70	マルティン・シャウアー 奥田安弘 訳	中東欧地域における私法の根源と近年の変革	A5判 2400円
71	ペーター・ゴットバルト 二羽和彦 編訳	ドイツ・ヨーロッパ民事手続法の現在	A5判 2500円

日本比較法研究所翻訳叢書

番号	著者・訳者	書名	判型・価格
72	ケネス・R・ファインバーグ 伊藤壽英訳	大惨事後の経済的困窮と公正な補償	A5判 2600円
73	ルイ・ファヴォルー 植野妙実子監訳	法にとらわれる政治	A5判 2300円
74	ペートラ・ポールマン 山内惟介編訳	ドイツ・ヨーロッパ保険法・競争法の新展開	A5判 2100円
75	トーマス・ヴュルテンベルガー 畑尻剛訳	国家と憲法の正統化について	A5判 5100円
76	ディルク・エーラース 松原光宏編訳	教会・基本権・公経済法	A5判 3400円
77	ディートリッヒ・ムルスヴィーク 畑尻剛編訳	基本権・環境法・国際法	A5判 6400円
78	ジェームズ・C・ハウエル他 中野目善則訳	証拠に基づく少年司法制度構築のための手引き	A5判 3700円
79	エイブラム・チェイズ他 宮野洋一監訳	国際法遵守の管理モデル	A5判 7000円
80	トーマス・ヘーレン編 山内惟介編訳	ミュンスター法学者列伝	A5判 6700円
81	マティアス・カスパー 小宮靖毅編訳	コーポレート・ガバナンス、その現下の課題	A5判 1300円
82	エリック・ヒルゲンドルフ 髙橋直哉訳	医事刑法入門	A5判 3100円

＊価格は本体価格です。別途消費税が必要です